chaque partie
traitée à part

…

ENSEIGNEMENT CIVIQUE

Tout exemplaire qui ne sera pas revêtu des trois signatures ci-dessous sera réputé contrefait.

Les Éditeurs,

ENSEIGNEMENT PRIMAIRE

INSTRUCTION MORALE ET CIVIQUE

DEUXIÈME PARTIE

ENSEIGNEMENT CIVIQUE

NOTIONS SOMMAIRES DE DROIT PRATIQUE

ET

ENTRETIENS PRÉPARATOIRES A L'ÉTUDE DE L'ÉCONOMIE POLITIQUE

Rédigés conformément au programme du 27 juillet 1882

PAR F. I. C.

OUVRAGE AUTORISÉ POUR LES ÉCOLES PUBLIQUES
PAR LA CIRCULAIRE MINISTÉRIELLE DU 17 NOVEMBRE 1883

CHEZ LES ÉDITEURS

TOURS	PARIS
ALFRED MAME ET FILS	POUSSIELGUE FRÈRES
IMPRIMEURS-LIBRAIRES	CH. POUSSIELGUE, SUCCESSEUR
Rue de l'Intendance	Rue Cassette, 15

PRÉFACE

L'enseignement civique a pour but de faire connaître les droits et les devoirs du citoyen ; il comprend nécessairement l'étude de la constitution du pays, de l'organisation des pouvoirs publics, du fonctionnement des administrations, etc.

On ne saurait contester l'utilité d'un pareil enseignement, surtout chez une nation où, par l'exercice du suffrage universel, tout citoyen majeur, qui n'a pas été frappé d'interdiction comme indigne, prend une part plus ou moins directe aux affaires du gouvernement et de l'administration. Cet enseignement n'est pas nouveau. Les leçons d'histoire et de géographie ont toujours fourni aux maîtres l'occasion de donner à leurs élèves des notions sur la forme du gouvernement, sur la hiérarchie militaire, judiciaire, administrative, etc.

Toutefois, depuis longtemps on avait compris l'utilité de résumer et de grouper toutes ces notions dans un ouvrage spécial ; c'était, pensait-on, le moyen d'empêcher qu'elles ne fussent négligées ou même totalement omises. Déjà, sous l'inspiration de la Convention, on avait publié un grand nombre d'ouvrages qui, dans la pensée de leurs auteurs, devaient répondre à ce besoin [1] ; mais ces livres étaient fortement empreints des passions politiques et antireligieuses de l'époque : ils devaient disparaître aussitôt que le calme serait rétabli dans les esprits et que les idées seraient redevenues plus saines.

---

[1] Voici les titres de quelques-uns de ces livres : l'*Alphabet des sans-culottes ou Premiers Éléments de l'éducation républicaine*; le *Nouveau Catéchisme républicain à l'usage des sans-culottes et de leurs enfants*; les *Épîtres et Évangiles du républicain*; la *Grammaire républicaine*; les *Commandements de la République*, etc.

Il n'est pas difficile de se mettre en garde contre de tels excès, et de bien faire connaître aux enfants les institutions qui régissent le pays, sans inspirer des sentiments de haine contre aucune catégorie de citoyens, sans induire en erreur sur le passé de la France, et sans chercher à donner de l'éloignement pour la religion, nécessaire dans tous les temps, dans tous les pays, sous tous les régimes et à tous les hommes.

C'est dans cet esprit qu'ont été préparées ces leçons d'*instruction civique*. On ne s'attend pas à nous entendre proclamer que toutes nos lois et toutes nos institutions sont la perfection même. Chacun sait que la voie reste ouverte aux améliorations, — la Constitution elle-même le reconnaît quand elle règle la manière de procéder pour la reviser ou l'amender; — mais nous croyons qu'il serait dangereux d'entrer à cet égard en explication avec des enfants. Il suffit de leur faire comprendre le mécanisme du gouvernement, et de leur exposer clairement, sans donner trop de détails toutefois, le fonctionnement des diverses administrations.

On a commencé par la famille, base et image de toute société organisée. On s'est placé ainsi sur un terrain que l'enfant connaît; de là on passe sans difficulté à l'étude de la commune, puis à celle du département, et enfin on arrive à l'État. Après avoir étudié l'organisation des pouvoirs, on parle des impôts, de la force publique, de la justice, et des diverses administrations par lesquelles il est pourvu à tous les grands services.

De nombreuses notes explicatives ont permis de donner, dans un cadre nécessairement restreint, des renseignements très utiles pour mettre en pleine lumière les questions traitées.

Un résumé condense, à la fin de chaque leçon, en une formule précise, les notions qu'il importe de retenir. On remarquera toutefois qu'un ouvrage de ce genre ne peut tout dire. Les maîtres devront le compléter; par exemple, ils ne manqueront pas de faire connaître à leurs élèves le nom du Président de la République, du président du Conseil des ministres, du Ministre de l'Instruction publique, du préfet de leur département, du sous-préfet de l'arrondissement, du maire et des adjoints de la commune, du souverain Pontife, de l'archevêque métropolitain, de l'évêque diocésain, du doyen, du curé de la paroisse, etc.; de l'inspecteur d'Académie, de l'inspecteur primaire, etc. etc. Ces renseignements sont donnés au fur et à mesure que l'occasion s'en présente.

LOIS CONSTITUTIONNELLES [1]

1° — Loi relative à l'organisation des pouvoirs publics.

L'Assemblée nationale a adopté la loi dont la teneur suit :

ARTICLE 1er. — Le pouvoir législatif s'exerce par deux assemblées : la Chambre des députés et le Sénat.

La Chambre des députés est nommée par le suffrage universel, dans les conditions déterminées par la loi électorale.

La composition, le mode de nomination et les attributions du Sénat seront réglés par une loi spéciale.

ART. 2. — Le Président de la République est élu à la majorité absolue des suffrages par le Sénat et la Chambre des députés réunis en Assemblée nationale. Il est nommé pour sept ans. Il est rééligible.

ART. 3. — Le Président de la République a l'initiative des lois, concurremment avec les membres des deux Chambres; il promulgue les lois lorsqu'elles ont été votées par les deux Chambres; il en surveille et en assure l'exécution.

Il a le droit de faire grâce : les amnisties ne peuvent être accordées que par une loi.

Il dispose de la force armée.

Il nomme à tous les emplois civils et militaires.

Il préside aux solennités nationales; les envoyés et les ambassadeurs des puissances étrangères sont accrédités auprès de lui.

Chacun des actes du Président de la République doit être contresigné par un ministre.

---

[1] La *Constitution* ou *loi constitutionnelle* est la loi fondamentale d'un État. Elle détermine la forme du gouvernement, organise les pouvoirs publics, et règle leurs rapports entre eux et avec la nation.

La modification ou revision de la Constitution est partout environnée de beaucoup de précautions.

Nous indiquons les principaux changements apportés à la Constitution de la France depuis un siècle.

1° Constitution du 14 septembre 1791, qui établit la *Monarchie constitutionnelle*; 2° le 21 septembre 1792, proclamation de la *République*; 3° Constitution de l'an I (24 juin 1793); 4° celle du 10 octobre 1793; 5° celle du 22 août 1795 : le *Directoire*; 6° celle de l'an VIII (brumaire), décembre 1799 : le *Consulat*; 7° celle du 2 août 1802 : le *Consulat à vie*; 8° celle de mai 1804 : *Établissement de l'Empire*; 9° le 4 juin 1814, *Charte de la Restauration*; 10° le 22 avril 1815, nouvelle *Constitution impériale*; 11° le 7 juillet 1815, *Charte monarchique*; 12° le 14 août 1830, nouvelle *Charte monarchique*; 13° le 12 novembre 1848 : *Constitution républicaine*; 14° le 14 janvier 1852, graves changements à la *Constitution républicaine*; 15° le 7 novembre 1852 : *Constitution impériale*; 16° *Constitution républicaine* du 30 août 1871; 17° *Septennat*, établi le 20 novembre 1873; et enfin 18° *Constitution* du 25 avril 1875.

ART. 4. — (Cet article, relatif à la nomination des membres du conseil d'État, a été abrogé par la loi du 13 juillet 1879, réorganisant le conseil d'État. En vertu de cette loi, le Président de la République nomme en conseil des ministres, les membres de cette assemblée.)

ART. 5. — Le Président de la République peut, sur l'avis conforme du Sénat, dissoudre la Chambre des députés avant l'expiration légale de son mandat.

En ce cas, les collèges électoraux sont réunis pour de nouvelles élections dans le délai de deux mois, et la Chambre dans les dix jours qui suivent la clôture des opérations électorales. (Loi du 14 août 1884.)

ART. 6. — Les ministres sont solidairement responsables devant la Chambre de la politique générale du Gouvernement, et, individuellement, de leurs actes personnels.

Le Président de la République n'est responsable que dans le cas de haute trahison.

ART. 7. — En cas de vacance par décès ou par toute autre cause, les deux Chambres réunies procéderont immédiatement à l'élection d'un nouveau président. Dans l'intervalle, le Conseil des ministres est investi du pouvoir exécutif.

ART. 8. — Les Chambres auront le droit, par délibérations séparées, prises dans chacune à la majorité absolue des voix, soit spontanément, soit sur la demande du Président de la République, de déclarer qu'il y a lieu de reviser les lois constitutionnelles.

Après que chacune des deux Chambres aura pris cette résolution, elles se réuniront en Assemblée nationale pour procéder à la révision. Les délibérations portant revision des lois constitutionnelles, en tout ou en partie, devront être prises à la majorité absolue des membres composant l'Assemblée nationale.

Toutefois, pendant la durée des pouvoirs conférés par la loi du 20 novembre 1873 à M. le maréchal de Mac-Mahon, cette revision ne peut avoir lieu que sur la proposition du Président de la République.

La forme républicaine du Gouvernement ne peut faire l'objet d'une proposition de révision.

Les membres des familles ayant régné sur la France sont inéligibles à la présidence de la République. (Lois du 14 août 1884.)

ART. 9. — Le siège du pouvoir exécutif et des deux Chambres est à **Versailles**[1].

Délibéré en séance publique, à Versailles, les vingt-deux janvier, trois et vingt-cinq février mil huit cent soixante-quinze.

Le Président,   Les Secrétaires,
Signé : L. MARTEL.   *Signé :* Louis DE SÉGUR,

Félix VOISIN, DUCHATEL,

Vicomte BLIN DE BOURDON, VANDIER.

Le Président de la République promulgue la présente loi.

Maréchal DE MAC-MAHON, duc de Magenta.

Le Vice-Président du Conseil, ministre de la guerre,

Général DE CISSEY.

---

[1] Cet article a été modifié par l'Assemblée nationale (ou Congrès), réunie comme il est dit en l'article précédent, et qui a fixé à Paris le siège du Gouvernement et des Chambres. — (Loi du 22 juillet 1879). — L'Assemblée nationale se réunit à Versailles.

2° — Loi relative à l'organisation du Sénat.

L'Assemblée nationale a adopté la loi dont la teneur suit :

Article 1er. — Le Sénat se compose de trois cents membres :
Deux cent vingt-cinq élus par les départements et les colonies, et soixante-quinze élus par l'Assemblée nationale.

Art. 2. — Les départements de la Seine et du Nord élisent... (suit la nomenclature des départements et du nombre de sénateurs qu'ils élisent).

Art. 3. — Nul ne peut être sénateur s'il n'est Français, âgé de quarante ans au moins, et s'il ne jouit de ses droits civils et politiques.

Art. 4. — Les sénateurs des départements et des colonies sont élus à la majorité absolue, et, quand il y a lieu, au scrutin de liste, par un collège réuni au chef-lieu du département ou de la colonie, et composé :
1° Des députés ;
2° Des conseillers généraux ;
3° Des conseillers d'arrondissement ;
4° Des délégués élus, un par chaque conseil municipal, parmi les électeurs de la commune.

Dans l'Inde française, les membres du conseil colonial et des conseils locaux sont substitués aux conseillers généraux, aux conseillers d'arrondissement et aux délégués des conseils municipaux.

Ils votent au chef-lieu de chaque établissement.

Art. 5. — Les sénateurs nommés par l'Assemblée sont élus au scrutin de liste, et à la majorité absolue des suffrages.

Art. 6. — Les sénateurs des départements et des colonies sont élus pour neuf années et renouvelables par tiers tous les trois ans.

Au début de la première session, les départements seront divisés en trois séries, contenant chacune un égal nombre de sénateurs ; il sera procédé, par voie de tirage au sort, à la désignation des séries qui devront être renouvelées à l'expiration de la première et de la deuxième période électorale [1].

Art. 7. — Les sénateurs élus par l'Assemblée sont inamovibles.
En cas de vacance par décès, démission ou autre cause, il sera, dans les deux mois, pourvu au remplacement par le Sénat lui-même.

Art. 8. — Le Sénat a, concurremment avec la Chambre des députés, l'initiative et la confection des lois.
Toutefois, les lois de finances doivent être, en premier lieu, présentées à la Chambre des députés et votées par elle.

Art. 9. — Le Sénat peut être constitué en cour de justice pour juger soit le Président de la République, soit les ministres, et pour connaître des attentats contre la sûreté de l'État.

Art. 10. — Il sera procédé à l'élection du Sénat un mois avant l'époque fixée par l'Assemblée nationale pour sa séparation.
Le Sénat entrera en fonctions et se constituera le jour même où l'Assemblée nationale se séparera.

Art. 11. — La présente loi ne pourra être promulguée qu'après le vote définitif de la loi sur les pouvoirs publics.

Délibéré en séance publique, à Versailles, le 24 février 1875.

---

[1] Les premières élections ont eu lieu le 30 janvier 1876 ; le premier tiers a été renouvelé le 5 janvier 1879, et le second le 8 janvier 1882.

3° — Loi sur les rapports des pouvoirs publics.

L'Assemblée nationale a adopté la loi dont la teneur suit :

Article 1er. — Le Sénat et la Chambre des députés se réunissent chaque année, le second mardi de janvier, à moins d'une convocation antérieure faite par le Président de la République.

Les deux Chambres doivent être réunies en session cinq mois au moins chaque année. La session de l'une commence et finit en même temps que celle de l'autre.

L'article 4 de la loi du 14 août 1884 a supprimé les prières publiques.

Art. 2. — Le Président de la République prononce la clôture de la session. Il a le droit de convoquer extraordinairement les Chambres. Il devra les convoquer, si la demande en est faite, dans l'intervalle des sessions, par la majorité absolue des membres composant chaque Chambre.

Le Président peut ajourner les Chambres. Toutefois l'ajournement ne peut excéder le terme d'un mois, ni avoir lieu plus de deux fois dans la même session.

Art. 3. — Un mois au moins avant le terme légal des pouvoirs du Président de la République, les Chambres devront être réunies en Assemblée nationale pour procéder à l'élection du nouveau Président.

A défaut de convocation, cette réunion aurait lieu de plein droit le quinzième jour avant l'expiration de ces pouvoirs.

En cas de décès ou de démission du Président de la République, les deux Chambres se réunissent immédiatement de plein droit.

Dans le cas où, par application de l'article 5 de la loi du 25 février 1875, la Chambre des députés se trouverait dissoute au moment où la présidence de la République deviendrait vacante, les collèges électoraux seraient aussitôt convoqués, et le Sénat se réunirait de plein droit.

Art. 4. — Toute assemblée de l'une des deux Chambres qui serait tenue hors du temps de la session commune est illicite et nulle de plein droit, sauf le cas prévu par l'article précédent, et celui où le Sénat est réuni comme cour de justice; et, dans ce dernier cas, il ne peut exercer que des fonctions judiciaires.

Art. 5. — Les séances du Sénat et celles de la Chambre des députés sont publiques.

Néanmoins chaque Chambre peut se former en comité secret, sur la demande d'un certain nombre de ses membres fixé par le règlement.

Elle décide ensuite, à la majorité absolue, si la séance doit être reprise en public sur le même sujet.

Art. 6. — Le Président de la République communique avec les Chambres par des messages qui sont lus à la tribune par un ministre.

Les ministres ont leur entrée dans les deux Chambres, et doivent être entendus quand ils le demandent. Ils peuvent se faire assister par des commissaires désignés pour la discussion d'un projet de loi déterminé par décret du Président de la République.

Art. 7. — Le président de la République promulgue les lois dans le mois qui suit la transmission au gouvernement de la loi définitivement adoptée. Il doit promulguer dans les trois jours les lois dont la promulgation, par un vote exprès dans l'une et l'autre Chambres, aura été déclarée urgente.

Dans le délai fixé pour la promulgation, le Président de la République peut, par un message motivé, demander aux deux Chambres une nouvelle délibération, qui ne peut être refusée.

Art. 8. — Le Président de la République notifie et ratifie les traités. Il en donne connaissance aux Chambres aussitôt que l'intérêt et la sûreté de l'État le permettent.

Les traités de paix, de commerce; les traités qui engagent les finances de l'État; ceux qui sont relatifs à l'état des personnes et au droit de propriété des Français à l'étranger, ne sont définitifs qu'après avoir été votés par les deux Chambres. Nulle cession, nul échange, nulle adjonction de territoire ne peut avoir lieu qu'en vertu d'une loi.

Art. 9. — Le Président de la République ne peut déclarer la guerre sans l'assentiment préalable des deux Chambres.

Art. 10. — Chacune des Chambres est juge de l'éligibilité de ses membres et de la régularité de leur élection; elle peut seule recevoir leur démission.

Art. 11. — Le bureau de chacune des deux Chambres est élu chaque année pour la durée de la session, et pour toute session extraordinaire qui aurait lieu avant la session ordinaire de l'année suivante.

Lorsque les deux Chambres se réunissent en Assemblée nationale, le bureau se compose des président, vice-présidents et secrétaires du Sénat.

Art. 12. — Le Président de la République ne peut être mis en accusation que par la Chambre des députés, et ne peut être jugé que par le Sénat.

Les ministres peuvent être mis en accusation par la Chambre des députés pour crimes commis dans l'exercice de leurs fonctions. En ce cas, ils sont jugés par le Sénat.

Le Sénat peut être constitué en cour de justice par un décret du Président de la République, rendu en conseil des ministres, pour juger toute personne prévenue d'attentat commis contre la sûreté de l'État.

Si l'instruction est commencée par la justice ordinaire, le décret de convocation du Sénat peut être rendu jusqu'à l'arrêt du renvoi.

Une loi déterminera le mode de procéder pour l'accusation, l'instruction et le jugement.

Art. 13. — Aucun membre de l'une ou de l'autre Chambre ne peut être poursuivi ou recherché à l'occasion des opinions ou votes émis par lui dans l'exercice de ses fonctions.

Art. 14. — Aucun membre de l'une ou de l'autre Chambre ne peut, pendant la durée de la session, être poursuivi ou arrêté en matière criminelle ou correctionnelle, qu'avec l'autorisation de la Chambre dont il fait partie, sauf le cas de flagrant délit.

La détention ou la poursuite d'un membre de l'une ou de l'autre Chambre est suspendue pendant la session, et pour toute sa durée, si la Chambre le requiert.

Délibéré en séance publique, à Versailles, les 22 juin, 7 et 16 juillet 1875.

INSTRUCTION CIVIQUE
DROIT USUEL, NOTIONS D'ÉCONOMIE POLITIQUE
Programme officiel de l'enseignement dans les écoles primaires
27 Juillet 1882

Cours élémentaire. — Explications très familières, à propos de la lecture, des mots pouvant éveiller une idée nationale, tels que : citoyen, soldat, armée, patrie ; — commune, canton, département, nation ; — loi, justice, force publique, etc.

Cours moyen. — Notions très sommaires sur l'organisation de la France.

Le citoyen, ses obligations et ses droits, l'obligation scolaire, le service militaire, l'impôt, le suffrage universel.

La commune, le maire, le conseil municipal.

Le département, le préfet et le conseil général.

L'État, le pouvoir législatif, le pouvoir exécutif, la justice.

Cours supérieur. — Notions plus approfondies sur l'organisation politique, administrative et judiciaire de la France :

La Constitution, le Président de la République, le Sénat, la Chambre des députés, la loi ; — l'administration centrale, départementale et communale, les diverses autorités ; — la justice civile et pénale ; — l'enseignement, ses divers degrés ; — la force publique, l'armée.

Notions très élémentaires de droit pratique :

L'état civil, la protection des mineurs ; — la propriété, les successions ; — les contrats les plus usuels, vente, louage, etc.

Entretiens préparatoires à l'intelligence des notions les plus élémentaires d'économie politique : l'homme et ses besoins, la société et ses avantages ; les matières premières, le capital, le travail et l'association. La production et l'échange ; l'épargne ; les sociétés de prévoyance, de secours mutuels, de retraite.

INDEX
Des parties de cet ouvrage qui se rapportent à chacun des trois cours.

Cours élémentaire. On peut prendre pour texte d'une explication le n° 1 de chaque résumé des leçons. Si quelqu'une de ces notions est trop difficile, on la passe. Notre *Cours élémentaire de Géographie*, d'ailleurs, débute par une série de questions qui permettent de donner à peu près tout l'enseignement civique que peut recevoir l'élève du *Cours élémentaire*.

Cours moyen. Les leçons I, III, IV, V, VI, VIII, IX, XII, XIV, XVI, XVII, XVIII, XXI, XXIII, XXV de l'*Enseignement civique*.

Cours supérieur. Tout l'ouvrage.

ENSEIGNEMENT CIVIQUE

I. — LA FAMILLE, MODÈLE ET FONDEMENT DE LA SOCIÉTÉ

La famille, image de la société. — Dieu a créé l'homme avec des besoins et des aspirations qui le mettent pour beaucoup de choses sous la dépendance de ses semblables, et qui lui font trouver une satisfaction réelle et d'un ordre élevé dans ses relations obligées avec ses proches, ses amis, ses concitoyens. C'est ainsi que, naturellement, s'établissent les liens sociaux. Le premier et le plus intime de ces liens est celui qui unit entre eux les membres d'une même famille. La famille est la première société constituée; elle est restée le *type* et le *fondement* de toute société.

Elle en est le type, car on y trouve l'autorité, dont les parents sont les dépositaires; autorité qui s'impose par des ordres, s'insinue par des exhortations affectueuses, se fait respecter et obéir en distribuant les récompenses et les châtiments, et confie à chacun son emploi, à l'avantage de tous.

N'est-ce point là l'image d'un État où le souverain commande, fait des lois, rend la justice, administre et gouverne pour le plus grand bien du pays?

D'autre part, les enfants ont des obligations envers leurs parents. La reconnaissance pour la tendresse dont ils sont l'objet, le respect pour l'autorité paternelle, le dévouement aux intérêts de la famille, le souci de son honneur, la sollicitude pour la santé de tous les membres qui la composent, le zèle pour la conservation de ses biens, et, par-dessus tout, le culte des traditions de vertu, de moralité, de religion, qu'ont laissées les ancêtres : tel est le résumé des devoirs qu'impose la piété filiale.

Nous retrouvons dans toute organisation sociale : la commune, le département, l'État, les mêmes prérogatives d'une part, et, de l'autre, la même dépendance, avec des devoirs réciproques analogues.

La famille cependant a quelque chose de plus que les autres formes de la société. A son foyer s'assied la mère, qui personnifie toutes les tendresses, toutes les sollicitudes, toutes les délicatesses. Pour retrouver hors de la famille la charité qui rappelle l'idée de l'amour maternel, il faut visiter les asiles où la religion vient elle-même présider aux œuvres de miséricorde ; il faut la voir enseignant les ignorants, soignant les malades, ensevelissant les morts, veillant au chevet des vieillards, se penchant sur le grabat du pauvre, et embrassant jusqu'au malheureux qui l'insulte et l'outrage.

Ce qui fait la force et la dignité de la famille, c'est qu'elle est établie sur des bases posées par Dieu lui-même : l'indissolubilité du mariage et le quatrième précepte du Décalogue.

Ce précepte divin fait aussi la force des sociétés, auxquelles il est parfaitement applicable ; car les dépositaires du pouvoir et les magistrats ont des droits et des devoirs analogues à ceux des parents, et les citoyens ont, à l'égard de la société, les mêmes obligations que les enfants envers la famille.

La famille, fondement de la société. — La famille n'est pas seulement le *type* de toute société ; elle en est aussi le *fondement*. Qu'on imagine une société où la famille aurait cessé d'être ce qu'elle est, où le père n'aurait plus l'autorité nécessaire, où la mère manquerait de tendresse et de dévouement, où les enfants seraient indociles, désobéissants, irrespectueux ; quelle serait la situation des personnes revêtues de l'autorité, et dont la mission est de veiller à la tranquillité, à la paix, à la moralité publique ? où seraient l'union, la concorde, la vertu, le dévouement, la force des lois ? Et qui peut douter que les maux dont nos sociétés modernes sont travaillées ne viennent principalement de ce que la famille est ébranlée ? L'autorité y est amoindrie, le respect y est affaibli, trop souvent la vertu en est bannie.

Ce n'est pas en vain que l'on s'affranchit de ce précepte divin, sauvegarde des individus et des nations : « Honore ton père et ta mère, afin que tu vives longuement. »

Résumé.

1º Dieu a créé l'homme avec des besoins et des aspirations qui l'obligent à vivre en société.

2º La première société organisée par la famille.

3° La famille est l'image et le fondement de toute société organisée : Le père y exerce l'autorité, comme le souverain dans l'État; il gouverne sa famille comme le souverain gouverne la nation.

4° Les enfants obéissent aux ordres de leurs parents, de même les citoyens obéissent aux lois; ils aiment leur famille, de même les citoyens doivent aimer leur patrie.

5° Dans la société, la religion, par sa tendresse et sa charité, remplit une mission analogue à celle de la mère dans la famille.

6° Quand la famille est ébranlée, la société est menacée de dissolution.

II. — ORGANISATION DE LA FAMILLE

Le mariage, base de la famille. — Nous avons dit que la famille a pour base le mariage, qui donne aux époux des droits et leur impose des devoirs. Le mari est le chef de la famille; sa femme lui doit le respect et la soumission; mais elle a droit à sa protection. La religion et la loi civile sont d'accord pour proclamer ces principes.

D'après la loi, la femme doit suivre son mari dans le domicile qu'il s'est choisi; elle ne peut, sans son autorisation, plaider, vendre, acheter, faire aucun contrat.

Tous les deux ont la même autorité sur les enfants, et sont placés, à beaucoup d'égards, grâce à la religion, sur un pied de parfaite égalité.

Il (le christianisme) établit avec une entière clarté l'égalité de toutes les âmes devant Dieu, sans distinction de sexe, de classe ou de nation. Il consacre le mariage par la bénédiction divine, et il en déclare l'indissolubilité..... Il assigne un but sublime à toute existence humaine : il ne confine pas la femme dans la pratique des devoirs inférieurs, mais il l'appelle à pratiquer, comme l'homme, les plus nobles vertus, à s'élever, comme lui, par la foi, aux plus hautes spéculations, et à participer au même titre que lui au salut éternel. Le mari et la femme occupent le même rang dans la famille chrétienne, ont la même autorité sur les enfants, la même responsabilité morale, les mêmes devoirs réciproques d'amour et de fidélité [1].

Autorité des parents sur les enfants. — Les parents ont autorité sur leurs enfants; ils ont des droits sur leur personne et sur leurs biens [2]. *Les droits sur la personne* permettent de corriger les enfants mineurs, et même de les faire détenir dans une maison de correction pendant un mois,

---

[1] Jules Steeg, *Dictionnaire pédagogique;* Hachette et Cⁱᵉ.

[2] On sait qu'un enfant peut, même du vivant de ses parents, posséder personnellement des biens. Par exemple, Pierre, en mourant, laisse par testament cinq mille francs à son neveu et filleul Paul; Paul devient propriétaire de ces cinq mille francs; mais, s'il n'est pas majeur, il n'en peut disposer.

si l'enfant a moins de seize ans, et pendant six mois s'il a dépassé cet âge. *Les droits sur les biens* permettent aux parents de jouir des revenus des biens que peuvent posséder leurs enfants, jusqu'à ce que ceux-ci aient atteint leur dix-huitième année. Lorsque l'enfant a dix-huit ans, les parents administrent encore ses revenus, mais ils lui doivent compte de l'emploi qu'ils en font depuis ce moment jusqu'à sa majorité.

Devoirs des parents. — Les parents doivent les *aliments* à leurs enfants jusqu'à ce que ceux-ci puissent pourvoir eux-mêmes à leurs besoins. Par ce mot : *aliments*, la loi désigne tout ce qui concerne la nourriture, le logement et le vêtement. Ils leur doivent aussi l'éducation. Pourraient-ils être moins obligés de veiller aux intérêts moraux et intellectuels qu'aux intérêts matériels de leurs enfants? Il est difficile toutefois de dire jusqu'où s'étend cette obligation; elle dépend en grande partie de la situation des parents au point de vue de la fortune. C'est donc à leur conscience à décider ce qu'ils peuvent faire dans cet ordre d'idées; mais ils doivent prendre au sérieux une obligation naturelle dont personne ne peut les décharger. Qu'il nous soit permis de citer à l'appui de cette doctrine le passage suivant, emprunté à un écrivain compétent :

Voici à quels symptômes vous reconnaîtrez que la décadence d'un peuple est profonde : c'est quand le hasard des révolutions changera vingt fois en un quart de siècle le système d'éducation, sans lasser la patience et la docilité des pères de famille. On dit : « J'ai mis mon fils en état de faire son chemin dans le monde. » Il faudrait pouvoir dire : « Je l'ai préparé à faire son devoir dans le monde. » Si nous étions sincères dans nos lamentations sur l'abaissement des esprits et des caractères, nous verrait-on traiter l'éducation de nos fils comme une affaire, et compter pour perdu le temps qu'ils ne passent pas à se préparer à un métier [1]?

Nous verrons que la loi oblige tous les parents à donner ou à faire donner à leurs enfants au moins l'instruction primaire.

Devoirs des enfants. — Les enfants doivent à leurs parents le respect, la soumission, la reconnaissance, l'amour, l'assistance.

Ils ne peuvent, sans l'autorisation de leurs parents, faire aucun contrat avant l'âge de vingt et un ans. Cette mesure légale les préserve des entraînements et des périls aux-

[1] Jules Simon.

quels les exposerait leur inexpérience. En se faisant émanciper [1] à dix-huit ans, ils acquièrent la capacité nécessaire pour faire quelques-uns des actes de propriété que le droit commun ne permet qu'aux individus majeurs.

En cas de décès du père ou de la mère ou de tous les deux, les enfants ne sont point abandonnés. La loi leur donne un tuteur pour gérer leurs biens, et un conseil de famille pour contrôler la gestion du tuteur. Ce conseil de famille a pour président le juge de paix du canton, et pour membres, des parents de l'enfant mineur. Le tuteur doit remplir à l'égard de son pupille les obligations des parents dont il tient la place. Il a droit, en retour, à la déférence, au respect, à la reconnaissance.

Les enfants doivent à leurs parents âgés les aliments et les autres secours dont ils peuvent avoir besoin, suivant leur condition. Cette obligation reste entière alors même que les parents, comme il peut arriver, auraient négligé d'accomplir quelques-uns de leurs devoirs envers leurs enfants.

Notre piété envers nos parents s'accroît de tout le respect que leurs vertus nous inspirent, et de toute la reconnaissance que nous devons à leurs bienfaits; mais elle ne ressemble à aucun autre sentiment; elle tient plus profondément à nos entrailles; nous sentons qu'elle fait partie de nous-mêmes, et qu'elle pourrait être affaiblie, mais non effacée par la mauvaise conduite ou l'indifférence de nos parents. Epictète dit très bien : « Tu as un mauvais père; sa malice ne te dispense de rien. La loi est d'honorer ton père et non pas un bon père. Un mauvais père? cela le regarde, et non pas toi; le précepte est absolu. Il ne dépend pas de la méchanceté d'autrui de t'affranchir de tes devoirs [2]. »

Successions. — Autrefois la loi accordait, après la mort des parents, la presque totalité de leurs biens à l'aîné des enfants, du moins dans les familles nobles. Aujourd'hui tous les enfants sont héritiers au même titre, et les parents ne peuvent que dans des limites déterminées disposer par testament de leurs biens. La loi donne ainsi aux enfants une sorte de droit en expectative [3] sur les biens de leurs parents.

---

[1] *Émanciper*, conférer à un mineur une partie des droits civils qui n'appartiennent qu'aux citoyens majeurs. On appelle droits *civils* ceux qui permettent de faire les actes de la vie civile : achat, vente, contrats, procès, etc. Les droits *civiques* ou politiques permettent d'accomplir les actes de la vie politique : voter, se présenter aux élections, etc.

[2] Jules Simon.

[3] *En expectative*, de *expectare*, attendre en espérant. Un droit *en expectative* est un droit dont on jouira plus tard.

On appelle *quotité*[1] *disponible*[2] la portion de leurs biens dont les parents peuvent disposer par testament soit en faveur de quelqu'un de leurs enfants, soit en faveur d'autres personnes. Quand il n'y a qu'un enfant, la quotité disponible est de la moitié des biens; quand il y en a deux, du tiers; quand il y en a trois ou plus, du quart.

Cette loi empêche, d'une part, que des parents, dans une heure de mécontentement, privent leurs enfants d'une trop forte portion de leur héritage, et, d'un autre côté, en leur conservant dans une certaine mesure le droit de tester[3], elle leur permet de réduire la part de ceux des enfants qui ne se seraient pas montrés suffisamment dociles ou respectueux.

Telles sont, dans leurs principes généraux, les lois qui régissent la famille en France. Puissent-elles suffire à maintenir dans toute sa vigueur une institution qui ne peut être atteinte sans danger pour la nation!

Résumé.

1º Le mari est le chef de la famille. La femme ne peut ni vendre, ni acheter, ni faire aucun contrat sans son autorisation.

2º Grâce à la religion, le mari et la femme sont, à beaucoup d'égards, sur un pied de parfaite égalité. Ils ont la même autorité sur les enfants, qui sont tenus aux mêmes devoirs envers chacun d'eux.

3º Les parents peuvent faire enfermer leurs enfants mineurs dans une maison de correction pendant l'espace d'un à six mois.

4º Les parents gèrent les biens de leurs enfants mineurs.

5º Ils doivent à leurs enfants les aliments, ainsi que l'éducation.

6º Les enfants doivent à leurs parents le respect, la soumission, la reconnaissance, l'amour, l'assistance.

7º Ils leur doivent les aliments et autres choses nécessaires à la vie.

8º Les torts des parents à l'égard de leurs enfants ne seraient pas pour ceux-ci un motif de s'affranchir de leurs devoirs.

9º Les enfants héritent des biens de leurs parents pour des parts égales, à moins que ceux-ci n'aient disposé en tout ou en partie de la *quotité disponible*.

---

[1] *Quotité*, du latin *quot*, combien... Quotité disponible signifie donc combien ou *quelle portion est disponible*.

[2] *Disponible*, de *disponere*, disposer. Somme disponible : somme dont on peut disposer.

[3] *Tester*, faire son testament.

III. — LA COMMUNE [1]

Définition. — La commune est la plus petite des circonscriptions administratives qui jouissent de la personnalité civile [2], c'est-à-dire qui peuvent, de même qu'une personne, acquérir, posséder, plaider, s'administrer, etc.

La commune est administrée par une assemblée qui prend le nom de conseil municipal, et par un maire, assisté d'un ou de plusieurs adjoints.

Conseil municipal. Mode de nomination. — Les membres du conseil municipal sont élus par les habitants de la commune, ou par les habitants d'une même section électorale, si la commune a été sectionnée (art. 11 de la loi du 5 août 1884) par une mesure administrative que peut motiver l'importance ou l'agglomération de la population. Le nombre des conseillers varie de dix à trente-six, selon l'importance de la localité. Paris a une organisation municipale réglée par une loi spéciale.

Pour être élu, il faut être électeur dans la commune (art. 31 de la loi du 5 avril 1884) ou tout au moins y être inscrit au rôle de l'une des quatre contributions directes [3], et avoir vingt-cinq ans.

Attributions du conseil municipal [4]. — Le conseil municipal vote le budget annuel de la commune. Le budget d'une société, d'une commune, d'une nation, est le tableau des sommes qu'elle doit recevoir dans l'année, et de celles qu'elle doit dépenser.

Les recettes de la commune se composent d'une partie des contributions payées par les habitants, des revenus de

---

[1] Il y a en France 36,097 communes.

[2] On donne le nom de *personne civile* à une société à laquelle on a reconnu plusieurs des droits dont jouissent les personnes ordinaires, comme celui de posséder. La commune, — personne civile, — est propriétaire de terrains, de maisons, de chemins, etc.

[3] Voir page 61.

[4] Avant la Révolution, les municipalités des villes étaient généralement placées sous le contrôle du Conseil d'Etat et des Intendants des provinces.

Les *villages* étaient administrés par l'assemblée des habitants, délibérant en présence du juge seigneurial; les délibérations devaient ordinairement être approuvées par l'Intendant.

En l'an III (1795) de la République, les localités qui avaient moins de 5,000 habitants furent groupées en *municipalités de canton*. Leurs représentants se réunissaient au chef-lieu de canton. En l'an VIII (1799), lors de l'établissement du Consulat, chaque commune reprit son individualité, et fut organisée à peu près comme elle l'est aujourd'hui. (Voir *la Commune, le Département et l'État*, par J. Pégat, avocat; Putois-Cretté, Paris.

l'octroi, du produit de la vente ou de la location des propriétés communales, etc.

Les dépenses ont pour objet l'entretien et l'éclairage des rues, la construction et la réparation des édifices publics, des chemins, etc.; les frais de culte et d'instruction; le salaire des divers employés, les œuvres de bienfaisance, les hôpitaux, la police, etc.

Les délibérations du conseil ne sont ordinairement exécutoires qu'après qu'elles ont reçu l'approbation du préfet ou du ministre. Quand une commune veut faire un emprunt important, elle se fait autoriser par une loi. L'autorisation préfectorale ou celle du conseil d'État suffisent pour les emprunts au-dessous d'un million. (Art. 143 de la loi du 5 avril 1884.)

Le conseil municipal nomme le maire, qui doit être pris parmi ses membres.

Comme on le voit, le conseil municipal s'occupe de tous les intérêts matériels et moraux de la commune. Il importe donc, lors du vote, de ne nommer que des conseillers éclairés, consciencieux, sincèrement dévoués au bien public.

Attributions du maire. — Le maire est chargé de faire exécuter les décisions du conseil, quand elles sont approuvées; il reçoit les déclarations des naissances, des décès, et procède aux formalités du mariage civil (c'est ce qu'on appelle présider aux actes de l'état civil[1]).

Il nomme les employés de la commune : le secrétaire de la mairie, les agents de police, le garde champêtre; toutefois la nomination de ce dernier doit être confirmée par le préfet. Il veille à la sécurité des citoyens[2], au maintien de l'ordre dans les rues, les cabarets, marchés, foires, lieux de réunions publiques.

Il signe les contrats de vente et d'achat faits au nom de la commune, soutient en son nom les procès, etc.

---

[1] Les registres de l'état civil étaient tenus autrefois par les curés des paroisses seulement; depuis le 14 septembre 1791, ils sont tenus par la municipalité.

[2] Les habitants d'une même commune ou *cité* sont *citoyens* de cette commune; ils sont, les uns par rapport aux autres, des *concitoyens*. Le mot *cité* (civitas) s'est appliqué successivement à la capitale d'un pays, puis aux divers territoires ayant une administration propre; le sens en a été ensuite étendu, de sorte que la qualification de *citoyen* s'applique tantôt aux habitants d'une même localité, et tantôt à tous ceux qui vivent sous les mêmes lois. C'est dans ce dernier sens qu'est prise cette expression: *Nous sommes citoyens français*.

Les fonctions du maire sont gratuites.

Le maire, en qualité de magistrat de la cité, est tenu d'en soigner les intérêts comme fait un bon père de famille pour les intérêts de sa maison. Il ne doit ni faire acception des personnes, ni accorder des avantages aux uns plutôt qu'aux autres; tous ont droit d'être traités avec la même équité. De cette façon, les emplois sont donnés au mérite, et non à la faveur.

En retour de son dévouement, de son impartialité et de son désintéressement, le maire a droit au respect et à la reconnaissance de ses administrés, ainsi qu'à leur concours quand il fait appel à leurs sentiments, à leur générosité et à leur bonne volonté.

Résumé.

1° La commune est la plus petite circonscription administrative jouissant de la personnalité civile.

2° Elle est administrée par un *maire*, assisté d'un ou de plusieurs *adjoints*, et par le conseil municipal.

3° Le conseil municipal vote le budget des recettes et des dépenses de la commune.

4° Les recettes proviennent des contributions, des revenus de l'octroi (dans les villes), de la location ou de la vente des propriétés de la commune, etc.

5° Les dépenses ont pour objet les frais de construction et d'entretien des écoles, de l'hôtel de ville ou mairie, des églises, des chemins, des rues, des fontaines, etc.; le traitement des employés et fonctionnaires de la commune; les œuvres de bienfaisance.

6° Les délibérations du conseil doivent être approuvées par le préfet, quelquefois par le ministre.

7° Il est très important de ne nommer, pour gérer les intérêts de la commune, que des hommes éclairés et consciencieux.

8° Le maire administre la commune, préside aux actes de l'état civil, nomme les employés de la commune, assure le maintien de l'ordre dans les rues et les lieux de réunion.

IV. — LE DÉPARTEMENT [1], L'ARRONDISSEMENT, LE CANTON

Définition. — Le département est une circonscription administrative, jouissant de la personnalité civile, et à la tête de laquelle se trouve un préfet.

Il y a en France 86 départements, sans compter le territoire de Belfort et les trois départements algériens.

Nomination du préfet. — Le préfet est nommé par le chef de l'État, sur la proposition du ministre de l'intérieur,

---

[1] Le 15 janvier 1790, l'Assemblée constituante supprima les provinces et partagea la France en départements, districts et cantons. Ce n'est qu'après le 18 brumaire an VIII que le premier consul Bonaparte organisa l'administration départementale telle qu'elle est aujourd'hui.

dont il dépend principalement. Il correspond cependant avec tous les autres ministres, car il est chargé de tous les services départementaux, quel que soit le ministère auquel ces services se rattachent.

Attributions du préfet. — Le préfet intervient dans l'administration des revenus du département et des communes; il a sous son autorité le service de la police et des prisons; il s'occupe de tout ce qui regarde la construction des routes, des canaux, des chemins vicinaux; il fixe la date du tirage au sort dans les différents cantons, et préside les conseils de revision, etc.

Il est assisté par un *secrétaire général*, qui remplit les fonctions de *sous-préfet* dans l'arrondissement du chef-lieu, et par un *conseil de préfecture*, dont les membres sont nommés par le chef de l'État. (Voir page 41 les attributions du *conseil de préfecture*.)

Conseil général [1]. — Le conseil général est une assemblée délibérante qui siège au chef-lieu de chaque département, et dont les membres sont élus pour six ans, à raison d'un conseiller pour chacun des cantons du département.

Attributions du conseil général. — Le conseil général vote le budget départemental, qui lui est soumis par le préfet, émet son avis sur les divers services départementaux, dont il vient d'être parlé au paragraphe des attributions du préfet. Il peut formuler des vœux non politiques, que ce magistrat transmet au ministre de l'intérieur.

Si quelque événement politique empêchait le Parlement de fonctionner, les conseils généraux se réuniraient et nommeraient chacun deux délégués, pris dans leur sein, pour former une assemblée qui remplacerait légalement les Chambres jusqu'à ce qu'elles pussent reprendre leurs travaux.

La première session du conseil a lieu huit jours après Pâques, et la seconde au mois d'août. C'est dans cette dernière qu'il nomme son bureau : président, vice-présidents, secrétaires; qu'il vote le budget, et nomme la *commission départementale*, composée de quatre à sept de ses membres. Cette commission est chargée, dans l'intervalle des sessions, de contrôler l'administration du préfet.

Arrondissement [2]. — L'arrondissement est une circon-

---

[1] Établi après le 18 brumaire an VIII, électif depuis 1833. Suspendus en 1870, sous le gouvernement de la Défense nationale, les conseils généraux furent reconstitués en 1871. (Loi du 10 août.)

[2] On compte en France 362 arrondissements.

scription territoriale qui ne jouit pas de la personnalité civile, et à la tête de laquelle est un sous-préfet.

Sous-préfet. — Le sous-préfet, nommé par le chef de l'État, n'a pas d'autorité propre; il remplace ou assiste le préfet dans quelques-unes de ses fonctions, comme le tirage au sort, certaines relations avec les communes, etc.

Conseil d'arrondissement. — Au chef-lieu de chaque arrondissement siège un conseil d'arrondissement, dont les membres sont élus comme ceux du conseil général. Il fait la répartition des contributions entre les diverses communes de l'arrondissement, il prépare des travaux pour le conseil général, et peut émettre des vœux non politiques touchant les besoins particuliers de la région.

Le canton[1]. — Le canton est une simple division territoriale. Aucun fonctionnaire, aucune assemblée n'est à la tête de cette subdivision du département. Il y a au chef-lieu une justice de paix, et ordinairement une brigade de gendarmerie; les jeunes conscrits s'y rendent pour le tirage au sort et la revision; enfin c'est une circonscription électorale, ainsi que nous venons de le dire, pour la nomination des conseillers généraux et des conseillers d'arrondissement.

Résumé.

1º Le département est une circonscription administrative à la tête de laquelle est un préfet.

2º Le préfet est nommé par le Président de la République.

3º Le préfet a sous son autorité le service de la police et des prisons; il s'occupe de tout ce qui regarde la construction des voies de communication, l'administration des communes du département, etc.

4º Le préfet est assisté par le *conseil de préfecture* et par le *secrétaire général*.

5º Le conseil général est l'assemblée qui administre le département avec le préfet. Il vote le budget départemental, et donne son avis sur tous les services départementaux dont est chargé le préfet.

6º L'arrondissement est une circonscription territoriale à la tête de laquelle est un sous-préfet. Le sous-préfet et le *conseil d'arrondissement* fournissent des renseignements au préfet et au conseil général.

7º Le canton est une division territoriale, mais non une division administrative. C'est le siège d'une *justice de paix*, et une circonscription électorale pour le conseil général et le conseil d'arrondissement.

V. — LA PATRIE, LA NATION, L'ÉTAT

Définitions. — Notre patrie, c'est la terre habitée par nos ancêtres, et aussi par l'universalité de nos concitoyens, c'est-à-dire par ceux qui ont avec nous une certaine communauté d'in-

---

[1] Il y a en France 2,865 cantons.

térêts. Dans ce dernier sens, le mot patrie est synonyme de nation. Ainsi une nation est l'ensemble des citoyens qui habitent une même contrée, et qui sont naturellement unis entre eux par une communauté de sentiments, d'affections, de souvenirs, de besoins, d'habitudes, d'intérêts ; ils ont hérité de la même gloire, des mêmes institutions ; leurs pères ont souffert les mêmes épreuves, partagé les mêmes périls, participé à la même prospérité, etc.

L'État, c'est ordinairement la nation organisée en gouvernement ; c'est la puissance publique, dont la mission est de faire exécuter les lois.

L'État constitue une personne civile. Il est représenté par les personnes désignées dans la constitution pour exercer le pouvoir : le chef du pouvoir exécutif, les ministres, les Chambres, etc.

L'État représente la nation, dont il est l'expression, et il est le gardien de tous les intérêts de la patrie.

Nous devons aimer notre *patrie*, obéir à l'*État*, pour assurer le bonheur de la *nation*.

Parfois, il est vrai, les expressions État, patrie, nation, désignent les choses moins clairement que nous ne venons de dire. Quelques exemples feront comprendre la nuance qui existe dans le sens de ces trois mots. L'Alsace-Lorraine forme actuellement un État, qui dépend de l'Empire allemand ; mais les Lorrains annexés n'ont pas cessé de considérer la France comme leur patrie, et ils ne se regardent pas comme appartenant à la nation allemande. L'Irlandais appartient à un État connu sous le nom de Royaume-Uni de la Grande-Bretagne ; mais sa patrie ne s'étend pas au delà de son île ; il ne se considère pas comme faisant partie de la nation anglaise. Le Saxon, au contraire, est gouverné par le roi de Saxe, il appartient à cet État particulier ; mais sa patrie, ce n'est pas seulement la Saxe, c'est l'Allemagne : il fait partie de la nation allemande.

Ainsi les divisions territoriales et les gouvernements particuliers qui doivent leur origine à des combinaisons politiques ou à des intérêts de conquête, ne créent ni ne détruisent les nations, ne brisent ni ne forment les liens qui attachent à la patrie.

Quand des millions d'hommes ont porté pendant des siècles le même nom, parlé le même langage, regardé les mêmes grands hommes comme leurs pères, et les mêmes chefs-d'œuvre de l'esprit comme leur gloire commune, on est mal venu à leur refuser leur parenté intime et leur titre de nation [1].

Nécessité pour une nation d'être gouvernée. — Le premier besoin qui se fait sentir dans la société est celui de l'autorité. Les hommes vraiment dévoués à la patrie sont donc ceux qui rendent hommage au pouvoir et sont fidèles observateurs des lois.

La nature, ou plus justement Dieu, l'auteur de la nature, veut que les hommes vivent en société civile, ce que démontrent à l'évidence et la faculté du langage, le plus puissant agent de la société, et les nombreux besoins innés de notre âme, et les choses nécessaires, en grand nombre et de grande importance, que les hommes isolés ne peuvent se procurer, mais qu'ils obtiennent en s'unissant et s'associant à d'autres. Or, il ne peut ni exister, ni même se concevoir une société où il n'y ait personne pour gouverner les volontés de chacun, afin de les ramener toutes à l'unité, et de les diriger avec ordre et sagesse vers le bien commun. Dieu a donc voulu que, dans la société civile, il y en eût qui commandassent à la multitude [2].

Or, puisque Dieu l'a voulu, il a dû offrir aux nations des enseignements dont les conséquences fussent favorables à l'autorité établie et aux citoyens; ce serait peu d'être gouverné; il faut l'être suivant l'équité. Dieu a pourvu à ce besoin en nous donnant sa loi, dont l'Évangile est la plus parfaite expression.

Nos gouvernements modernes doivent incontestablement au christianisme leur plus solide autorité et leurs révolutions moins fréquentes : il les a rendus eux-mêmes moins sanguinaires; cela se prouve par le fait, en les comparant aux gouvernements anciens. La religion, mieux connue, écartant le fanatisme, a donné plus de douceur aux mœurs chrétiennes. *Ce changement n'est point l'ouvrage des lettres; car, partout où elles ont brillé, l'humanité n'en a pas été plus respectée* : les cruautés des Athéniens, des Égyptiens, des empereurs de Rome, des Chinois, en font foi. Que d'œuvres de miséricorde sont l'ouvrage de l'Évangile [3] !

Ainsi se trouvent établis et la nécessité d'un gouvernement dans une nation, et les avantages qui résultent pour cette nation d'avoir un gouvernement qui s'inspire des principes d'une morale pure et élevée.

---

[1] Guizot, *l'Église et la société chrétienne en 1861.*
[2] Encyclique du 29 juin 1881.
[3] J.-J. Rousseau.

Résumé.

1° La patrie (du latin *patria*, fait de *patris* et *terra*, terre du père) est le pays où l'on a pris naissance.

2° Une nation, c'est la totalité des personnes nées ou naturalisées dans un pays, et vivant sous un même gouvernement.

3° L'État, c'est le gouvernement, l'administration du pays.

4° Nous devons aimer la patrie, obéir à l'État, pour assurer la prospérité de la nation.

5° Dieu, en créant l'homme pour la société, a voulu qu'il y eût des chefs pour commander, afin de diriger le peuple vers le bien commun.

6° La religion rend le gouvernement plus sage et plus facile.

VI. — LES ORIGINES DE NOTRE DROIT PUBLIC

Principes de 1789. — Lorsque les états généraux se réunirent en 1789, les collèges électoraux avaient écrit leurs vœux dans des *cahiers* qui contenaient aussi les plaintes et les doléances du peuple. Chacun des trois ordres réclamait pour tous les Français l'égalité civile et politique, et un grand nombre de réformes touchant l'éducation de la jeunesse, la forme de l'impôt, l'administration de la justice, etc.

Aucun de ces cahiers ne demandait que l'on modifiât la constitution, les lois et les institutions du pays d'une façon aussi complète que le firent successivement les assemblées. On y fut amené par degrés.

Le tiers état exigeait que le vote, dans l'assemblée, eût lieu par tête[1] et non par ordre, et il proclamait la souveraineté de la nation.

Les principes dits de 1789 ont proclamé l'égalité civile et politique (donnant les mêmes droits à tous les citoyens), l'admissibilité de tous les Français aux charges et fonctions publiques, la répartition égale de l'impôt, et l'abolition de tout ce qui pouvait porter atteinte à la liberté individuelle.

Ils ont environné de garanties l'exercice du droit de poursuivre et de punir les coupables. Nul individu ne peut être détenu que par ordre des magistrats, dans des conditions déterminées par la loi. Les audiences des tribunaux sont publiques. Chacun a le droit de s'y défendre soi-même ou de s'y faire défendre par un avocat. La loi est la même pour tous les citoyens : ils peuvent aspirer à tous les emplois, pourvu qu'ils aient les capacités requises. L'État se charge de

---

[1] Le tiers état s'assurait ainsi la majorité; il comptait, en effet, 621 membres, tandis que le clergé n'en avait que 308, et la noblesse 285.

pourvoir aux besoins des nécessiteux, aux soins des malades pauvres, etc.1.

L'impôt est consenti par le peuple ou ses représentants. La loi est faite par la majorité des représentants de la nation; elle doit être conforme à la morale et à la justice; car une loi immorale et injuste, fût-elle votée par l'unanimité des citoyens, ne cesserait pas pour cela d'être immorale et injuste. Les actes accomplis en conformité d'une telle loi seraient condamnables aux yeux de la conscience, et répréhensibles aux yeux de Dieu.

Comment se résument ces principes. — Ces principes se résument dans ces mots : *liberté, égalité, fraternité*. Liberté individuelle ou inviolabilité de la personne, des biens et du domicile; liberté de conscience, liberté des cultes, liberté de la pensée, du travail, des associations. Égalité de tous devant la loi, devant la justice, devant l'impôt, devant les emplois ou charges publiques. Fraternité, par les secours donnés au nom ou de la part de l'État dans les hôpitaux et autres institutions de bienfaisance.

La Constituante et la Convention ont mis en oubli beaucoup de ces règles de liberté. On a commis alors un grand nombre d'attentats contre les biens, contre les personnes et contre les consciences[2]; mais on est revenu aux idées libérales, elles sont la base des constitutions et des lois modernes.

Résumé.

1º Les *cahiers* des trois ordres, aux états généraux (1789), demandaient des réformes, mais non le renversement de ce qui existait.

2º La Constituante a proclamé la *liberté*, l'*égalité* et la *fraternité*.

[1] Une partie des biens enlevés à l'Église, en vertu de la loi du 22 novembre 1789, devait être employée au soulagement des pauvres.

[2] La déclaration des *droits de l'homme* proclame en ces termes la liberté de conscience et des cultes : *Nul ne doit être inquiété pour ses opinions, même religieuses, pourvu que leur manifestation ne trouble pas l'ordre public.*
En 1787, Louis XVI avait accordé aux protestants la liberté du culte; en 1791, la Constitution accorda la même liberté à tout citoyen. Toutefois, dès le 13 février 1790, les ordres religieux étaient supprimés; le 12 juillet de la même année, le vote de la Constitution civile du clergé jetait le trouble dans les consciences catholiques; le 10 novembre 1793, le culte catholique était aboli et remplacé par le culte de la raison. Les citoyens étaient tenus de travailler le dimanche et de respecter le repos légal du *décadi*. Des églises furent profanées, des statues brisées, des croix renversées. Le 22 août 1795, on permit de nouveau l'exercice du culte catholique, qui fut officiellement et définitivement rétabli, lors de la conclusion du *Concordat* (15 juillet 1801).

Depuis 1831, les ministres des cultes protestant et israélite reçoivent un traitement annuel.

(a) *Liberté individuelle*, qui permet d'agir comme on veut, pourvu qu'on respecte la loi; *liberté du travail*, chacun pouvant s'occuper comme il lui plaît; *liberté d'association*, etc.

(b) *Égalité devant l'impôt, égalité devant la loi, égalité devant la justice, égalité devant les emplois et les charges*, accessibles à tous.

(c) *Fraternité.* Tous les citoyens, étant considérés comme des frères, sont secourus dans le malheur, la pauvreté et la maladie. En conséquence, l'État établit et soutient les hôpitaux, encourage les sociétés de bienfaisance, etc.

VII. — LA SOUVERAINETÉ NATIONALE

Droit de la nation. — Tout le monde admet que la nation a le droit d'intervenir dans le choix ou l'acceptation du chef de l'État, et dans la marche générale du gouvernement.

De tout temps on a reconnu le droit souverain de la nation.

Sire, disait Massillon à Louis XIV, c'est le choix de la nation qui mit d'abord le sceptre entre les mains de vos ancêtres; c'est elle qui les éleva sur le bouclier militaire, et les proclama souverains. Le royaume devint ensuite l'héritage de leurs successeurs; mais ils le durent originairement au consentement libre de leurs sujets. Comme la première source de leur autorité vient de nous, les rois n'en doivent faire usage que pour nous. Ce n'est donc pas le souverain, c'est la loi, Sire, qui doit régner sur les peuples : vous n'en êtes que le ministre et le premier dépositaire.

Ceux qui doivent gouverner peuvent, en certains cas, dit Léon XIII, être choisis par la volonté et le jugement de la multitude, sans que la doctrine catholique s'y oppose ou y fasse obstacle. Mais, par ce choix, c'est le prince qui est désigné, ce ne sont pas les droits de gouverner qui sont conférés; on ne délègue pas le commandement, on établit par qui il sera exercé. Il n'est pas question ici des formes de gouvernement, car rien ne s'oppose à ce que le gouvernement d'un ou de plusieurs soit approuvé par l'Eglise, pourvu qu'il soit juste et appliqué à procurer l'utilité commune. Quant au pouvoir politique, l'Église enseigne avec raison qu'il vient de Dieu, car elle trouve cet enseignement attesté par les saintes Lettres et les monuments de l'antiquité chrétienne; d'ailleurs, on ne peut concevoir aucune doctrine qui soit plus conforme à la raison comme au salut des princes et des peuples.

L'apôtre saint Paul enseignait expressément aux Romains cette doctrine sur le respect qu'on doit aux chefs souverains, lorsqu'il leur écrivait en ces termes avec tant d'autorité et de poids, qu'on ne saurait rien ordonner de plus grave : « Que toute âme soit soumise aux puissances supérieures; car il n'y a point de pouvoir qui ne vienne de Dieu; et ceux qui existent ont été ordonnés de Dieu. C'est pourquoi celui qui résiste au pouvoir résiste à l'ordre établi de Dieu; et ceux qui résistent attirent sur eux-mêmes la condamnation. C'est pourquoi il est nécessaire que vous soyez soumis, non seulement par crainte, mais aussi par conscience[1]. » (Extrait de l'Encyclique de notre saint-père le Pape, du 29 juin 1881.)

Comment la nation exerce son droit. — Tels sont les principes que la foi et la raison, toujours d'accord, d'ailleurs, acceptent également. Quant à la pratique, elle ne laisse pas de présenter beaucoup de difficultés. En France, actuellement, on admet que le peuple est souverain et qu'il exerce sa souveraineté par le moyen du vote. On pouvait craindre que, pratiquement, ce système offrît des inconvénients, bien que les pouvoirs publics aient cherché à les faire disparaître, ou du moins à les atténuer. Les adversaires du suffrage universel posaient des questions comme celles-ci :

Les citoyens peuvent-ils tous comprendre les textes des constitutions qu'ils votent? Ceux même qui sont instruits connaissent-ils les conséquences de telle ou telle détermination? Comment espérer que les simples gens du monde verront clair dans les affaires si ambiguës de la politique? Et ceux qui voient clair dans ces affaires, ont-ils assez de caractère pour ne pas se laisser entraîner? sont-ils assez désintéressés pour ne pas se laisser corrompre?

La réponse était toute prête. On a fait remarquer que les individus n'exercent pas *personnellement* leur part de la souveraineté nationale; ils la délèguent aux citoyens qu'ils élisent pour les représenter dans les conseils municipaux, dans les conseils d'arrondissement, dans les conseils généraux, à la Chambre des députés, au Sénat.

Un petit nombre de fonctionnaires et d'agents : maires, préfets, ministres, etc., dont les assemblées contrôlent les actes, administrent le pays, les départements et les communes.

La souveraineté nationale s'exerce donc par des intermédiaires. C'est ainsi que les choses se passent, d'ailleurs, dans tous les États constitutionnels, que le gouvernement soit républicain ou monarchique, que l'on soit sous le régime du suffrage universel ou sous celui du suffrage restreint.

Mais puisque chaque électeur, par son bulletin de vote, dispose jusqu'à un certain point de la paix, de la prospérité et de la moralité du pays, il est très important que chacun comprenne que c'est pour lui un devoir de voter, et de voter selon sa conscience, sans préoccupation d'intérêt personnel,

---

[1] Rom., XIII, 1, 2, 3.

donnant son suffrage au plus digne et au plus respectable, c'est-à-dire au plus éclairé et au plus consciencieux.

Résumé.

1º La souveraineté nationale est exercée par le peuple. Le peuple est admis à nommer le chef du pouvoir, soit directement, soit par ses représentants.

2º Ceux qui exercent le pouvoir, de quelque manière qu'ils en aient été investis, l'exercent de la part de Dieu, dont ils reçoivent leur autorité.

3º Puisque l'autorité du chef du pouvoir lui vient de Dieu, les citoyens sont tenus, en conscience, de lui obéir.

4º Il est pratiquement impossible que tous les citoyens exercent directement la part de souveraineté qui leur appartient; c'est pourquoi ils nomment des représentants pour l'exercer en leur nom.

5º Il est important que chaque citoyen vote pour le candidat qui lui paraît le plus éclairé et le plus consciencieux.

VIII. — LE VOTE

Définition. — *Voter*, c'est désigner un ou plusieurs citoyens pour exercer une fonction, faire partie des assemblées qui prennent part à l'administration de la commune, du département ou de l'État. Pour voter, on dépose ordinairement dans une urne fermée un bulletin portant le nom du candidat que l'on veut nommer.

Le droit de voter s'appelle aussi le droit de *suffrage*. De sorte que donner son *suffrage*, sa *voix* à quelqu'un, c'est voter pour lui.

On distingue le suffrage *universel* et le suffrage *restreint*.

Suffrage universel [1]. — Dans le système du suffrage universel, tout citoyen majeur, — âgé de 21 ans, — et qui n'a pas été privé de ses droits politiques, peut prendre part au vote.

Ceux qui ont le droit de voter, ou les *électeurs*, ne sont pas tous *éligibles*. Pour être éligible, il faut avoir au moins vingt-cinq ans d'âge; et même, pour être élu sénateur [2], il faut en avoir quarante.

Suffrages restreints. — Le droit de suffrage est restreint

---

[1] Le suffrage universel à deux degrés fut établi le 22 août 1795. En 1820, on apporta une restriction au droit de suffrage; en 1848, on rétablit le suffrage universel *direct*; en 1850, on revint au suffrage restreint, et, le 2 décembre 1851, le suffrage universel direct fut rétabli.

[2] *Sénateur*, du latin *senator*, dérivé de *senex*, vieillard.

dans les contrées où certaines catégories de citoyens ne sont pas admises à voter.

On peut restreindre le droit de suffrage de plusieurs manières : 1º en exigeant, pour qu'un individu soit électeur, qu'il paye une somme *minima* pour ses contributions directes; 2º en exigeant qu'il ait un minimum de connaissances déterminé.

Ainsi, l'on pourrait refuser le droit de vote à quiconque ne paye pas 20 francs, par exemple, de contribution directe. Cette somme de 20 francs serait alors le *cens électoral*.

On pourrait également n'accorder le droit de vote qu'aux citoyens qui sauraient lire et écrire, ou à ceux qui auraient obtenu un certificat d'études déterminé.

Suffrage direct et suffrage à plusieurs degrés. — Quand les électeurs nomment eux-mêmes les personnes qui doivent les représenter, ces personnes sont élues au suffrage direct; c'est ainsi que sont nommés les conseillers municipaux, les conseillers d'arrondissement, les conseillers généraux, les députés.

Quand les électeurs se bornent à désigner les personnes qui devront procéder au choix des représentants de la nation, ces représentants sont élus au second degré.

Les maires sont élus, en qualité de maires, non par tous les habitants de la commune, mais seulement par leurs collègues du conseil municipal. — L'élection des maires est une élection à deux degrés.

Le vote dans une assemblée délibérante. — Le mot *vote* s'emploie aussi pour désigner l'acte par lequel les membres d'une assemblée délibérante, comme le conseil municipal, la Chambre des députés, expriment leur volonté d'accepter ou de repousser une mesure qui leur est proposée. Voter *pour*, c'est accepter cette mesure; voter *contre*, c'est la repousser.

Résumé.

1º Voter, c'est désigner les personnes que l'on choisit pour faire partie des assemblées délibérantes : conseil municipal, Chambre des députés, etc.

2º Dans le système du *suffrage universel*, tout citoyen majeur, qui n'est pas indigne, peut voter.

3º Dans le système du *suffrage restreint*, il faut, pour être électeur, payer une certaine somme de contributions, ou avoir un certain degré d'instruction.

4° Le *suffrage est direct* quand l'électeur désigne lui-même la personne qu'il choisit pour le représenter.

5° Le *suffrage est à plusieurs degrés* quand l'électeur désigne seulement les personnes qui devront faire l'élection définitive.

6° On emploie encore le mot *voter* pour désigner l'acte par lequel les membres d une assemblée acceptent ou repoussent les propositions qui leur sont faites.

IX. — LES AGENTS [1] DE LA SOUVERAINETÉ NATIONALE

Différents pouvoirs. — Nous venons de voir que chaque citoyen ne peut pas exercer lui-même la part de souveraineté que la Constitution lui attribue. Tous ne peuvent pas discuter et voter les lois, administrer, rendre la justice.

Dans tout État, quelle que soit la forme du gouvernement, les citoyens délèguent d'une façon ou de l'autre leurs pouvoirs et leurs droits à quelques-uns d'entre eux, qui sont chargés ou de faire les lois, ou d'en assurer l'exécution, ou enfin de punir ceux qui les enfreignent.

Ceux qui font les lois constituent *le pouvoir législatif;* ceux qui les font exécuter, *le pouvoir exécutif;* ceux qui punissent les délinquants, *le pouvoir judiciaire.*

Le *pouvoir législatif* est exercé par le Parlement, qui comprend : la Chambre des députés ou Chambre basse, et le Sénat ou Chambre haute.

Le *pouvoir exécutif* est exercé par le président de la République et les ministres, ayant sous leur autorité les agents et fonctionnaires de tous ordres.

Le *pouvoir judiciaire* est exercé par les tribunaux légalement établis sur les divers points du territoire.

Séparation des pouvoirs. — Ainsi le pouvoir législatif, qui fait la loi, n'en assure pas lui-même l'exécution, et ne peut rien contre ceux qui la violent. Le pouvoir exécutif ne fait pas la loi, quoiqu'il puisse la proposer et prendre part à la discussion qui en est faite par les Chambres; il la promulgue, en assure l'exécution, mais n'en punit pas les infractions. Le pouvoir judiciaire, qui ne fait pas la loi, qui n'est pas chargé de la faire exécuter, a pour mission de la venger quand elle est outragée.

[1] On désigne sous le nom d'*agents* les personnes chargées de fonctions dans lesquelles elles ont à prendre, sous leur responsabilité, des décisions importantes : les ministres, les préfets, les maires, sont des *agents* de la souveraineté nationale. On appelle simplement *fonctionnaires* ceux qui n'ont qu'à exécuter les ordres des agents : les employés des diverses administrations ne sont que des fonctionnaires. Dans le langage courant, on ne tient pas toujours compte de ces distinctions.

Ces trois pouvoirs sont donc *séparés* quant à leurs attributions respectives ; mais ils sont *unis* quant au but commun, qui est d'obtenir, par le respect de la loi, la pratique de ce qui est juste.

Résumé.

1° Le *pouvoir législatif* fait les lois ; le *pouvoir exécutif* en assure l'exécution ; le *pouvoir judiciaire* punit ceux qui les enfreignent.

2° Ces trois pouvoirs doivent être *séparés* pour conserver l'indépendance convenable.

3° Ils doivent être *unis* dans une même pensée : le bien commun du peuple.

X. — LA CONSTITUTION

Formes de gouvernement. — On distingue plusieurs formes de gouvernement. Quand le pouvoir réside en un seul, le gouvernement est monarchique. Ordinairement la monarchie est héréditaire, c'est-à-dire que le fils aîné du souverain monte sur le trône après la mort de son père.

La monarchie[1] peut être *absolue* ; c'est lorsque les actes du pouvoir exécutif ne sont pas contrôlés par une assemblée. Ce n'est que sous une monarchie absolue que le pouvoir est réellement exercé au nom d'un seul.

Dans la monarchie *tempérée, parlementaire* ou *constitutionnelle,* le pouvoir est contrôlé par une ou deux assemblées qui forment le *Parlement*. La monarchie constitutionnelle ne diffère essentiellement de la République qu'en ce qui concerne l'hérédité.

La République[2] est un gouvernement constitutionnel à la tête duquel se trouve un *président élu*.

Le président d'une république a les mêmes prérogatives qu'un souverain constitutionnel ; seulement il n'est nommé que pour quelques années, et l'hérédité du pouvoir n'est pas établie dans sa famille.

Aux États-Unis, le gouvernement est républicain ; en Angleterre, c'est une monarchie parlementaire ; en Allemagne, une monarchie constitutionnelle, laissant plus d'autorité au souverain ; en Russie, une monarchie presque absolue, etc.

Toutes ces contrées, sous ces diverses formes de gouver-

---

[1] *Monarchie*, du grec *monos*, seul, et *archê*, gouvernement. Gouvernement d'un seul.

[2] *République*, du latin *res*, chose, et *publica*, publique. Chose publique.

nement, ont connu des périodes de prospérité et même de gloire, ce qui indique assez qu'aucune des formes de gouvernement n'a le privilège exclusif de rendre heureux les peuples. Le meilleur gouvernement est celui qui convient le mieux à la nation, vu les temps et les circonstances. Il travaille efficacement à la prospérité du pays en confiant les charges et les emplois aux plus dignes, c'est-à-dire aux plus éclairés, aux plus expérimentés, aux plus vertueux.

Forme du gouvernement en France. — La France a été gouvernée par une monarchie jusqu'en 1792. Alors le gouvernement républicain a été établi pour la première fois; il a duré jusqu'en 1804. Une deuxième fois, la République a été proclamée en 1848 (février); elle fut remplacée par l'Empire en 1852. Après le désastre de Sedan, il s'est formé à Paris (4 septembre 1870) un gouvernement qui a pris le nom de *gouvernement de la défense nationale*. Au mois d'août 1871, le chef du pouvoir exécutif reçut le titre de président de la République; le 20 novembre 1873, l'Assemblée nationale établit le Septennat[1], et le 25 février 1875 elle vota la Constitution qui organise la République. Cette Constitution a été complétée par la loi du 16 juillet 1875 sur les *rapports des pouvoirs publics*. Elle a été, depuis, modifiée en quelques points qui n'en altèrent pas le caractère.

La Constitution, étant la loi fondamentale d'une nation, doit être à l'abri des caprices de ceux qui la voudraient modifier; elle ne doit pouvoir être changée que lorsque l'intérêt du pays l'exige évidemment.

Ce n'est pas à des chrétiens que l'on est obligé de rappeler leurs devoirs en ce qui touche la soumission au pouvoir établi, et le respect pour les dépositaires et les représentants de l'autorité à tous les degrés. Ils savent que le moyen de prouver que l'on a vraiment du patriotisme, c'est d'observer fidèlement les lois, et de s'efforcer, par la pratique de toutes les vertus qui font le bon citoyen, d'assurer, chacun pour sa part, la force, la prospérité et la gloire de la nation.

Résumé.

1° La monarchie est le gouvernement d'un seul.

2° On distingue la monarchie *absolue*, et la monarchie *tempérée*, aussi appelée monarchie *parlementaire* ou *constitutionnelle*, parce qu'elle est organisée par une Constitution et contrôlée par un *Parlement*.

---

[1] Pouvoir confié pour sept ans au maréchal de Mac-Mahon.

3° La République est le gouvernement exercé de concert par un président élu et un parlement.

4° La France est en République. Sa Constitution remonte aux mois de février et de juillet 1875.

5° On doit respecter la Constitution et les pouvoirs qu'elle établit. C'est le meilleur moyen de montrer que l'on a vraiment du patriotisme.

XI. — DU GOUVERNEMENT DE LA FRANCE

Pouvoir exécutif. — Le gouvernement est quelquefois désigné sous le nom de pouvoir exécutif. Le pouvoir exécutif se compose du *président de la République,* élu pour sept ans par l'Assemblée nationale[1], et du *conseil des ministres*[2], qui prêtent leur concours au président et au Parlement.

Attributions et prérogatives du président de la République. — Le président de la République choisit ses ministres, promulgue les lois, convoque et proroge le Parlement, nomme par des décrets la plupart des hauts fonctionnaires, assure, par d'autres décrets, l'exécution des lois. Il signe les traités de paix et de commerce, qu'il soumet ensuite aux Chambres ; il dispose des forces de terre et de mer, reçoit les ambassadeurs des puissances étrangères et en accrédite auprès d'elles, préside aux fêtes et aux solennités nationales, etc. (Loi du 25 février 1875.)

Conseil des ministres. — L'un des ministres prend le titre de président du conseil. Il réunit ses collègues en *conseil de cabinet* toutes les fois qu'il le juge à propos ; ils se réunissent également en *conseil des ministres,* sous la présidence du président de la République. (Voir au résumé la liste des ministères.)

Chaque ministre est responsable devant les Chambres des actes de son administration et de ceux de ses subordonnés ; en outre, tous les ministres sont responsables devant le Parlement des actes de leurs collègues, lorsque ces actes sont assez graves pour avoir été l'objet d'une résolution du *conseil*.

Les décisions administratives des ministres prennent le nom d'*arrêtés;* leurs instructions sont adressées par des lettres désignées sous le nom de *circulaires*.

Les actes émanés du président de la République s'appellent *décrets.* Ils sont toujours contresignés par un ministre, qui en prend ainsi la responsabilité.

Dans le cas où la Chambre croirait que les ministres ont

---

[1] Voir page 3, loi du 25 février 1875, art. 2.
[2] Voir page 4, loi du 25 février 1875, art. 6.

trahi leur pays, elle les mettrait en accusation, et le Sénat les jugerait [1]. On procéderait de même à l'égard du président de la République, si la Chambre croyait qu'il s'est rendu coupable de haute trahison.

Le Parlement. — Le Sénat et la Chambre des députés constituent le pouvoir législatif. Lorsque ces deux assemblées se réunissent, sous la présidence du président du Sénat, elles forment le Congrès ou Assemblée nationale, dont la mission est de nommer le président de la République et de reviser la Constitution quand il y a lieu. L'organisation et les prérogatives du Sénat ont été déterminées par la loi du 24 février 1875 [2]. Le mode d'élection des députés est aussi réglé par une loi spéciale.

Le fonctionnement et les attributions des deux Chambres, ainsi que les prérogatives de leurs membres, sont déterminés par la loi constitutionnelle du 16 juillet 1875 [3].

Chacune des deux Chambres nomme son bureau, composé du président, des vice-présidents, des secrétaires et des questeurs. Ces derniers sont chargés de tout ce qui concerne les dépenses de chaque Chambre, soit pour le payement des allocations faites aux membres, soit pour l'aménagement des salles, l'entretien et la garde des palais où se tiennent les séances, etc. Ils ont autorité sur les huissiers et autres gens de service, et reçoivent une indemnité spéciale.

Quand le Congrès ou Assemblée nationale se réunit, le bureau de la Chambre des députés disparaît ; c'est le bureau du Sénat qui fonctionne.

Résumé.

1º Le président de la République est élu pour sept ans. Il reçoit les ambassadeurs, en envoie dans les autres capitales, fait les traités, promulgue les lois, etc.

2º Les ministres sont responsables devant les Chambres de leurs actes personnels, des actes de leurs collègues, et des décrets du président de la République, quand ils les ont contresignés.

3º On distingue les départements ministériels suivants :

Intérieur : Administration départementale et communale, police, prisons.
Justice : Cours et tribunaux.
Cultes : Les cultes catholique, protestant, israélite.
Instruction publique : Enseignement à tous ses degrés.
Beaux-Arts : Musées, théâtres, écoles d'arts, etc.
Guerre : Armée de terre, forteresses, gendarmerie.

---

[1] Voir page 4, loi du 25 février 1875, et pages 6 et 7, loi du 16 juillet 1875.
[2] Voir page 5, loi du 24 février 1875.
[3] Voir page 5.

Marine et colonies : Armée de mer, flotte, ports, colonies.
Finances : Recouvrement des impôts et payement des services publics.
Affaires étrangères : Relations avec les puissances étrangères, traités, etc.
Travaux publics : Voies de communication.
Commerce, Agriculture, Postes et Télégraphes, dont les attributions sont assez indiquées par le nom même du ministère.

4° Les ministres et le président de la République peuvent être mis en accusation par la Chambre des députés ; dans ce cas, ils sont jugés par le Sénat.

5° Les deux Chambres se réunissent pour former le Congrès qui revise la Constitution ou nomme le président de la République.

6° Elles discutent séparément les lois.

XII. — CONFECTION DES LOIS

Projets de loi. — Les projets de loi qui doivent être soumis aux délibérations du Parlement peuvent être préparés par le gouvernement ou par les députés et les sénateurs eux-mêmes.

Quand le gouvernement veut présenter un projet de loi, il le rédige et le soumet ordinairement à l'examen du conseil d'État [1], puis il l'envoie à la Chambre des députés, au nom et sous la signature du chef de l'État.

Lorsque le projet de loi a été préparé par quelque député, il est d'abord envoyé à une *commission d'initiative*, composée d'un certain nombre de membres qui donnent leur avis, et font un premier rapport à la Chambre ; ils indiquent seulement s'il y a lieu ou non de discuter le projet présenté.

Si la Chambre *prend en considération* ce projet ; c'est-à-dire si elle juge qu'il faille le discuter, elle nomme une commission qui l'examine attentivement, et fait un rapport dans lequel est appréciée, article par article, la proposition de loi. Les conclusions de ce rapport sont ensuite soumises aux délibérations de l'assemblée. Le Sénat procède de même à l'égard des projets dus à l'initiative de ses membres.

Discussion des lois. — Les projets de loi qui émanent du gouvernement sont généralement discutés tout d'abord à la Chambre des députés, qui peut les rejeter, ou les modifier et les adopter. Si elle adopte une loi dans une première discussion, elle doit la soumettre à une seconde délibération ; c'est ce que l'on exprime en disant que les projets de loi sont soumis à deux lectures. Si elle les rejette en première ou en seconde lecture, il n'y a pas lieu de les présenter au Sénat ; si elle les adopte, avec ou sans modification, on les envoie au Sénat, où ils subissent les mêmes épreuves.

La seconde lecture peut être supprimée en vertu d'une

---

[1] Voir page 41.

déclaration d'urgence que peuvent prononcer l'une et l'autre des deux chambres.

Le Sénat peut aussi rejeter ou adopter les lois, modifiées ou non. S'il les rejette, elles ne peuvent être promulguées. S'il les modifie, les changements qu'il y fait doivent être ensuite adoptés par la Chambre avant que l'on puisse considérer la loi comme définitivement votée.

Quand les deux Chambres ont adopté une loi, les ministres la soumettent à la signature du chef de l'État, qui la fait publier dans le *Journal officiel*.

Le budget, aussi appelé *loi de finances*, est nécessairement discuté en premier lieu par la Chambre des députés.

On le voit, les attributions du Sénat et de la Chambre des députés sont extrêmement graves. Il est donc souverainement désirable que les hommes choisis pour assumer de si redoutables responsabilités soient intègres, désintéressés, indépendants.

Une disposition de la loi du 14 août 1884 abroge l'article de la Constitution aux termes duquel le dimanche qui suit la rentrée des Chambres, des prières publiques devaient être dites dans toutes les églises de France, afin de supplier Dieu de donner aux membres du Parlement la sagesse pour bien connaître leurs devoirs, et le courage pour les remplir consciencieusement. Les bons citoyens ne doivent pas se borner à faire des prières dans ce but une fois seulement dans l'année; il doivent solliciter très souvent, pour les dépositaires du pouvoir et les membres du Parlement, l'assistance divine, qui leur est nécessaire pour être toujours à la hauteur de leurs délicate et importante mission.

Résumé.

1° Les projets de loi peuvent être préparés par le gouvernement ou par quelqu'un des membres du Parlement.

2° Ils sont ordinairement discutés deux fois dans chacune des Chambres.

3° Si une Chambre adopte un projet de loi, et que l'autre le repousse, la loi ne peut être promulguée.

4° Quand les deux Chambres ont adopté une loi, le président de la République la promulgue, et elle devient obligatoire dans toute la France.

5° Il est important que les députés aient les lumières nécessaires pour nire de bonnes lois; ce n'est donc pas sans raison que les bons citoyens ne s'abstiennent pas de faire des prières dans ce but.

XIII. — RESPECT DE LA LOI

Caractère obligatoire de la loi. — Le respect de la loi est ce qui fait la force d'une nation. Tous les citoyens qui sont vraiment animés de l'amour de la patrie observent la loi, sans qu'on ait besoin de les y contraindre, et seulement parce qu'ils savent que c'est pour eux un devoir qui leur est imposé par la conscience et par le sentiment de la fierté nationale. L'intérêt des individus, comme celui du pays et de la société, est intimement lié au respect de la loi. Quand la loi n'est pas observée, l'anarchie et le désordre règnent dans l'État, et bientôt il n'y a plus de sécurité ni pour les biens ni pour les personnes elles-mêmes.

La loi doit être observée par tous, souverains et sujets.

C'est elle qui doit régler l'usage de l'autorité, et c'est par elle que l'autorité n'est plus un joug pour les sujets, mais une règle qui les conduit, un secours qui les protège, une vigilance paternelle qui ne s'assure leur soumission que parce qu'elle s'assure leur tendresse. Les hommes croient être libres quand ils ne sont gouvernés que par les lois; leur soumission fait alors leur bonheur, parce qu'elle fait toute leur tranquillité et toute leur confiance. Les passions, les volontés injustes, les désirs excessifs et ambitieux que les princes mêlent à l'autorité, loin de l'étendre, l'affaiblissent : ils deviennent moins puissants dès qu'ils veulent l'être plus que les lois; ils perdent en croyant gagner : tout ce qui rend l'autorité injuste et odieuse, l'énerve et la diminue [1].

Infractions aux lois. — Il est vrai néanmoins que, chez les nations même les plus civilisées, il se produit des infractions aux lois, soit parce qu'elles ne sont pas toujours bien comprises, soit parce que les passions et les vices entraînent des malheureux à violer ouvertement les obligations les plus certaines.

De là naît la nécessité d'établir des tribunaux, qui se prononcent sur le sens de la loi pour en faire l'application aux citoyens, et qui punissent ceux qui l'ont violée.

L'administration de la justice comprend l'ensemble des tribunaux qui expliquent les lois et les appliquent.

Ce mot *justice* est très heureusement employé ici; car il est *juste* que les citoyens qui participent au bienfait de la loi l'observent dans ce qu'elle peut avoir de gênant ou d'onéreux, et soient punis quand ils l'ont méconnue : aucune société ne peut subsister sans lois.

Résumé.

1º On doit observer la loi : ce devoir est imposé par l'intérêt bien compris, par le patriotisme et par la conscience.

2º Ce devoir est universel; nul n'a le droit de s'y soustraire, pas plus le souverain que le simple citoyen.

[1] Massillon.

3° Il se produit des infractions aux lois. Ces infractions doivent être réprimées.

4° Ce sont les tribunaux qui sont chargés de punir ceux qui ont violé la loi.

XIV. — ORGANISATION DE LA JUSTICE [1]

Diverses sortes de tribunaux. — Notre organisation judiciaire comprend deux ordres de tribunaux : les *tribunaux civils* et les *tribunaux criminels*.

Par *tribunaux civils*, on entend les tribunaux qui se prononcent sur les difficultés survenues entre les citoyens au sujet de leur honneur, de leurs biens et de leurs droits ; les *tribunaux criminels* sont ceux qui jugent les crimes, les délits et les contraventions, par lesquels les individus attentent à la propriété, à l'honneur ou à la vie des citoyens.

Ainsi un individu a frappé un de ses concitoyens de manière à le blesser : s'il est poursuivi, ce sera devant un *tribunal criminel*. Deux individus ont passé un contrat par lequel l'un vend à l'autre trente sacs de blé de première qualité à raison de 20 francs l'hectolitre. Lors de la livraison, l'acheteur croit que le blé qu'on lui livre n'est pas de la qualité promise, il le refuse ; le vendeur insiste pour qu'il le prenne. Si l'on plaide, on ira devant un *tribunal civil*.

Parfois, dans un même procès, on trouve à la fois une *question civile* et une *question criminelle*.

Ainsi, dans le premier exemple que nous venons de donner, la personne qui a été blessée peut ne pas se contenter de voir condamner son agresseur à l'amende ou à la prison ; elle a le droit de réclamer une indemnité pour les journées perdues, les frais de médecin, etc. Alors elle se porte *partie civile*, et demande des *dommages-intérêts*. Dans ce cas, l'affaire est à la fois *civile et criminelle*. La partie lésée peut aussi se borner à saisir de sa demande les *tribunaux civils*.

Les membres des tribunaux sont appelés *juges*, et ceux des cours d'appel ou de la Cour de cassation sont nommés *conseillers*.

Pour juger les différentes affaires civiles ou criminelles, il y a des tribunaux de différents degrés.

Dans tout tribunal, un crucifix, placé au-dessus du siège du président, avertit les juges, les témoins et les avocats que la justice est une sainte chose, et que Dieu jugera à son

---

[1] Notre organisation judiciaire remonte au mois de septembre 1791. Toutefois, à cette époque, les juges étaient élus par le peuple. Par les lois du 27 vendémiaire an VIII (1800), et du 21 avril 1810, la magistrature reçut les prérogatives qui font son honneur et la sécurité des justiciables.

tour ceux qui auront provoqué ou prononcé des sentences.

Au degré inférieur de la hiérarchie judiciaire, on trouve le maire, qui, chef de la police municipale, fait arrêter les individus pris en flagrant délit, et les fait enfermer jusqu'à ce qu'il puisse les livrer aux juges.

Justice de paix. — Dans chaque canton, il y a un juge de paix, nommé par le chef de l'État, et dont la fonction principale, comme son nom l'indique, est d'amener à se concilier les personnes dont les intérêts sont en litige; s'il ne les détermine pas à entrer en accommodement, il prononce une sentence qui accorde à chacun ce qui lui est dû. Le caractère particulier des tribunaux de paix, c'est de terminer les affaires promptement et à peu de frais.

Il prononce en dernier ressort dans les contestations dont la valeur n'excède pas 100 francs, et, sauf appel, dans celles qui s'élèvent jusqu'à 200 francs, et même quelquefois jusqu'à 1500.

Le juge de paix peut avoir à se prononcer aussi sur des contraventions aux lois, comme les *voies de fait*[1], les vols peu considérables, etc. Le maximum de la peine qu'il peut prononcer est de cinq jours de prison.

Le juge de paix pose les scellés sur les meubles des personnes décédées, et dont les héritiers sont absents ou mineurs. Il préside les conseils de famille, qui règlent les intérêts des enfants mineurs après la mort de leurs parents; il fait les premiers interrogatoires des accusés quand le juge d'instruction et le procureur sont absents.

Tribunaux de première instance. — Dans tous les arrondissements sont institués des *tribunaux de première instance*, qui jugent des *affaires civiles* et des *affaires correctionnelles*[2]. Ces dernières sont celles où il s'agit de *délits*, c'est-à-dire fautes plus graves que les simples *contraventions*, et moins graves que les *crimes*[3].

---

[1] *Voies de fait*, violence faite à une personne, coups.
[2] Divers agents nommés par le chef de l'État aident les tribunaux dans leur action, ce sont : (a) les *notaires*, officiers publics, qui constatent par écrit les contrats et autres conventions, en gardent la minute, et leur confèrent l'authenticité; (b) les *huissiers*, officiers publics chargés de porter à la connaissance des intéressés les actes des tribunaux, et de faire mettre à exécution leurs décisions; (c) les *greffiers*, secrétaires des tribunaux; les *commissaires* et *agents* de police, qui arrêtent les individus pris en flagrant délit, recherchent ceux qui sont accusés, et contre lesquels les magistrats ont lancé des mandats d'arrêt.
[3] *Contravention*, légère infraction aux lois : tapage nocturne, refus de concours en cas d'incendie, ivresse, etc. — *Délit*, infraction plus grave

Ils tiennent des *audiences civiles* et des *audiences correctionnelles*. Quand l'arrondissement est très important, et que le tribunal a chaque année un grand nombre d'affaires à juger, il comprend plusieurs chambres, présidées par l'un des vice-présidents du tribunal.

Il y a, dans chaque tribunal, au moins un juge chargé d'interroger les accusés et de rechercher les preuves de leur culpabilité; il est désigné, en raison de cette fonction, sous le titre de *juge d'instruction*.

A chaque tribunal de première instance est attaché un procureur qui siège seul ou qui est assisté, dans les villes les plus importantes, d'un ou de plusieurs substituts. Ces magistrats sont chargés (loi du 30 août 1883) au nom du gouvernement, de demander la poursuite des délits. Le *procureur* et ses *substituts* forment le *parquet* du tribunal. Les *avocats*[1] plaident pour les particuliers, et les *avoués* étudient les affaires au point de vue légal, pour renseigner les avocats ou les intéressés; ils représentent les plaideurs devant le tribunal.

Cours d'appel. — Au-dessus des tribunaux de première instance, sont les *cours d'appel*, ainsi nommées parce que les personnes qui ont plaidé en *première instance*, et qui croient que le tribunal n'a pas bien jugé, *appellent* de la sentence qu'il a prononcée, et portent l'affaire devant la cour, qui peut réformer le premier jugement. Ce recours n'est possible que pour les affaires d'une importance supérieure à 1500 francs. Les juges des cours d'appel sont appelés *conseillers*. Il existe aussi près de chaque *cour d'appel* un *parquet*, qui comprend un *procureur général*, plusieurs *avocats généraux*[2], et un ou plusieurs *substituts du procureur général*.

Il y a en France 25 cours d'appel. (Voir Géographie.)

que la contravention : vol, abus de confiance, fraude commerciale, etc.— *Crime*, violation grave des lois : assassinat, faux témoignage, désertion en face de l'ennemi, etc.

[1] L'un des principes de notre organisation judiciaire, c'est la gratuité des jugements. Les personnes qui plaident n'ont donc pas à payer leurs juges; mais il y a toujours des frais pour les vacations des huissiers, le papier timbré, l'enregistrement du jugement, les honoraires des avocats et des avoués. Les pauvres, s'ils étaient obligés de payer ces frais, ne pourraient pas se défendre lorsqu'ils sont accusés. C'est pourquoi on a organisé l'*assistance judiciaire* (loi du 22 janvier 1851). En vertu de la loi, l'*assisté* est dispensé de payer les frais de timbre et d'enregistrement, et il lui est donné un avocat, un avoué, un huissier, qui lui prêtent gratuitement leur ministère.

[2] L'*avocat général* est ainsi nommé parce qu'il n'est pas l'avocat d'un individu, mais l'avocat de la loi.

Cours d'assises[1]. — La cour d'assises est un tribunal qui siège temporairement dans les départements. Il y a chaque année quatre sessions des assises.

Ces tribunaux, chargés de juger non plus les *contraventions* ou les *délits*, mais les *crimes*, se composent d'un président, conseiller à la cour, et de deux *conseillers* ou juges, appartenant à la cour d'appel ou au tribunal de première instance. Le *parquet* de la cour y est quelquefois représenté par le procureur général; ce magistrat se fait ordinairement remplacer par des avocats généraux ou des substituts quand la cour d'assises se tient au siège d'une cour d'appel. Autrement, c'est le parquet du tribunal qui instrumente auprès de la cour d'assises.

Les affaires *criminelles* sont jugées avec l'aide du jury.

Jury. — Chaque année, le préfet détermine les personnes qui devront faire partie du jury aux diverses sessions des cours d'assises; on en désigne quarante-deux pour suivre les débats de chaque session. On en tire au sort douze pour chaque affaire. L'accusé a le droit de récuser les *jurés* dont il redoute la partialité. L'avocat général ou le procureur peut aussi récuser ceux dont il craint la complaisance; les jurés récusés sont remplacés par d'autres, de manière qu'ils ne soient pas moins de douze.

Le greffier donne lecture de l'acte d'accusation rédigé par le ministère public.

On interroge l'accusé, les témoins à charge et à décharge; le *ministère public*[2], dans son réquisitoire, revendique les droits de la loi; les avocats de l'accusé prennent sa défense. Quand tous ont terminé leurs plaidoiries, les jurés se retirent dans une salle à part; ils ont à répondre à ces questions :

1º L'accusé est-il coupable du crime dont on l'accuse?

2º Y a-t-il lieu d'admettre des circonstances atténuantes?

Quand la réponse à la première question est négative, l'accusé est mis en liberté immédiatement, et il ne peut plus être recherché pour le même fait. Alors il n'y a pas lieu évidemment de répondre à la deuxième question. Quand la réponse est affirmative, l'accusé peut être condamné au maximum de la peine, si l'on n'admet pas les circonstances atténuantes; si on les admet, il est nécessairement condamné à une peine moindre d'un degré; la cour peut même l'abaisser de deux degrés.

---

[1] Les cours d'assises ont été instituées en 1808.
[2] On désigne ainsi le procureur ou le substitut.

Le ministère public donne lecture de l'acte d'accusation.

Ainsi c'est le jury qui déclare s'il y a lieu d'appliquer une peine et dans quelle mesure; mais c'est la cour qui la fixe et la prononce.

Cour de cassation. — La cour de cassation, ou cour suprême, est appelée à connaître des jugements prononcés par les diverses juridictions.

Elle les examine au point de vue de la régularité de la procédure et de leur conformité avec la loi, mais elle ne juge pas au fond [1]; elle *confirme* les jugements ou les *casse*. Lorsqu'il y a *cassation* d'une sentence, l'affaire est renvoyée devant un autre juge, pour y être plaidée à nouveau.

La *cour de cassation* est aussi la gardienne de l'intégrité des juges et de l'honneur de la magistrature, dont elle constitue le conseil supérieur. (Loi du 30 août 1883.)

Comme les conseillers des cours et les juges des tribunaux, — sauf les juges de paix, — sont inamovibles [2], ils pourraient abuser de l'indépendance que leur donne cette situation. Quand on pense qu'ils ont forfait à leurs devoirs, ils sont traduits devant la *cour de cassation*, qui seule peut prononcer leur déchéance et les exclure de la magistrature.

Résumé.

1° La justice civile règle les différends survenus entre les particuliers.

2° La justice criminelle poursuit les violateurs des lois.

3° On distingue la *justice de paix*, qui cherche à concilier les parties, et qui punit les simples *contraventions*; le *tribunal de première instance*, qui juge toutes les affaires civiles, et qui punit les *délits;* la *cour d'appel*, qui réforme ou confirme les jugements du tribunal de première instance; la *cour d'assises*, qui punit les *crimes;* la *cour de cassation*, qui confirme ou casse les sentences des cours d'appel et autres tribunaux.

4° On distingue deux sortes de magistrats : les *juges* ou *conseillers*, qui sont inamovibles [3]; ils constituent la *magistrature assise*. Les membres du parquet : *procureurs, substituts, avocats généraux*, révocables à volonté par le gouvernement, dont ils représentent les intérêts auprès des tribunaux. Ils forment la *magistrature debout*.

5° Le *jury* est formé par des citoyens honorables, mais étrangers à la magistrature. Les jurés déclarent s'ils croient l'accusé coupable, et si celui-ci peut être excusé dans une certaine mesure par des circonstances *atté-*

---

[1] Elle ne juge pas au fond, c'est-à-dire qu'elle se borne à déclarer que la cour qui a prononcé la première sentence a, ou n'a pas, observé les formes légales; mais elle ne dit pas, dans le cas où elle annule un jugement, quelle sentence il eût fallu prononcer.

[2] *Inamovible*, qui ne peut être changé ou remplacé, s'il n'y consent. L'inamovibilité des juges leur permet de ne pas craindre une disgrâce, dans le cas où leur conscience les oblige à prononcer une sentence désagréable au gouvernement. C'est donc une garantie pour les citoyens.

[3] Les juges de paix ne sont pas inamovibles.

nuantes, qui diminuent la gravité de sa faute. Le jury ne détermine pas la peine qu'il faut appliquer, il déclare seulement s'il y a lieu d'appliquer une peine et dans quelle mesure.

XV. — TRIBUNAUX ADMINISTRATIFS ET TRIBUNAUX SPÉCIAUX

Les tribunaux administratifs ont pour mission de juger les affaires de l'administration, et de se prononcer sur les difficultés qui s'élèvent entre les particuliers et les administrateurs.

On distingue, dans chaque département, le *conseil de préfecture*, et pour toute la France le *conseil d'État*.

Les conseils de préfecture jugent notamment les contestations au sujet des impositions, et se prononcent sur la validité des élections municipales, quand il y a des protestations tendant à prouver qu'il a été commis des irrégularités.

Le conseil d'État [1] se prononce sur la validité des élections pour les conseils généraux et les conseils d'arrondissement, dans le cas où elles lui sont déférées; il juge les différends survenus entre les particuliers et les préfets ou les ministres, au sujet d'actes par lesquels les particuliers se croiraient lésés dans leurs droits; il étudie les projets de loi qui lui sont soumis par les ministres, avant qu'on les envoie aux Chambres, et les projets de décrets, quand la loi exige qu'il les examine.

Tribunal des conflits. — Il arrive parfois que des particuliers, mécontents de certains actes des fonctionnaires publics, au lieu de porter leurs plaintes devant les tribunaux administratifs, s'adressent aux tribunaux ordinaires pour obtenir justice. Dans le cas où ces tribunaux se déclarent *compétents*, c'est-à-dire se croient en droit de juger cette affaire, le fonctionnaire attaqué peut quelquefois prendre un arrêté de conflit, c'est-à-dire déclarer que le tribunal et l'administration ne sont pas d'accord sur ce point, et qu'il faut faire décider par un tribunal supérieur, appelé *tribunal des conflits*, la question de savoir si l'affaire sera jugée par un tribunal ordinaire ou par un tribunal administratif.

Ainsi, le tribunal des conflits ne juge pas l'affaire au fond;

---

[1] Le *conseil d'État* existait de temps immémorial; il fut supprimé en 1790 et 1791, puis rétabli par la Constitution de l'an VIII (consulat). Ce conseil compte aujourd'hui trente-deux membres en service ordinaire, dix-huit en service extraordinaire, trente maîtres des requêtes et trente-six auditeurs (loi du 13 juillet 1879).

il décide simplement devant quelle juridiction les parties devront se pourvoir.

Ce tribunal siège à Paris. Le ministre de la justice en est le président. Il est composé de trois conseillers d'État élus par leurs collègues, de trois membres de la cour de cassation élus par cette cour, et de deux autres magistrats élus par les six premiers.

Tribunaux militaires. — A cause des graves inconvénients qui seraient la conséquence de l'indiscipline dans l'armée, les militaires sont soumis à des tribunaux spéciaux, désignés sous le nom de *conseils de guerre*. Ce sont des officiers qui font les fonctions de juges. Les fonctions du ministère public sont également remplies par un officier. Les accusés peuvent se faire défendre, comme devant les tribunaux ordinaires, par un avocat.

Les grades des officiers qui remplissent les fonctions de juges sont plus ou moins élevés, suivant le grade de l'accusé.

On peut appeler des sentences portées par les conseils de guerre devant un autre conseil de guerre appelé *conseil de revision*.

Tribunaux de commerce. — Les tribunaux de commerce jugent les différends survenus entre commerçants, mais seulement au sujet de leurs affaires commerciales. Les juges de ces tribunaux prenaient autrefois le nom de *consuls*. Ils sont élus par les commerçants notables des villes assez importantes pour que l'on ait jugé utile d'y établir ces tribunaux exceptionnels. Dans celles où n'existe pas de tribunal de commerce, ces sortes d'affaires sont jugées par le tribunal de première instance.

Tribunaux des prud'hommes. — Le tribunal des prud'hommes prononce sur les difficultés entre les patrons et les ouvriers. Les juges sont pris en égal nombre dans ces deux catégories de citoyens.

Ces juridictions spéciales n'empêchent pas l'égalité devant la justice, car elles s'appliquent à tous les citoyens qui sont dans des cas exceptionnels déterminés.

Les tribunaux militaires jugent tous les militaires; les tribunaux de commerce se prononcent dans toutes les affaires commerciales. Il n'y a point de privilège, et, par conséquent, point d'inégalité. Les tribunaux universitaires: conseil supérieur, conseils académiques, conseils départementaux, sont juges dans les affaires qui se rapportent à l'administration de l'instruction publique ou libre.

Résumé.

1° Les tribunaux administratifs jugent les différends survenus entre les particuliers et l'administration.

2° Le conseil de préfecture examine les contestations relatives aux impôts et aux élections municipales.

3° Le conseil d'État juge les contestations d'élections pour les conseils généraux et d'arrondissement, et les différends entre les particuliers et les préfets ou les ministres.

4° Le tribunal des conflits examine les réclamations des préfets ou autres agents du pouvoir, contre la compétence des tribunaux ordinaires. Il décide si les procès intentés à l'administration devront être jugés par les tribunaux judiciaires ou par les tribunaux administratifs.

5° Les conseils de guerre jugent les militaires.

6° Les tribunaux de commerce jugent les affaires commerciales.

7° Les conseils des prud'hommes règlent les différends qui s'élèvent entre les patrons et les ouvriers.

8° Les tribunaux universitaires sont juges dans les affaires concernant l'instruction publique ou libre.

XVI. — LES CULTES

Des cultes reconnus. — Jusqu'à la Révolution, la religion catholique était la *religion de l'État,* et ses lois étaient, dans une certaine mesure, lois de l'État[1]. Les dissidents pouvaient demeurer en France, y professer leur religion en particulier, et parvenir aux emplois publics; mais ils étaient privés de plusieurs avantages reconnus aux seuls catholiques. Il en était ainsi dans tous les États; d'ailleurs, aujourd'hui encore, en Angleterre et en Russie, par exemple, les protestants et les schismatiques sont traités bien plus favorablement que les catholiques et les autres citoyens qui ne professent pas la religion de l'État.

Actuellement, l'État français reconnaît trois cultes, qui peuvent avoir des églises et des temples, et vaquer à des cérémonies publiques, en se conformant aux lois. Ce sont : le culte catholique, professé par 35 387 703 individus; le culte protestant, par 580 757, et le culte israélite, par 49 439 [2].

Budget des cultes. — Les ministres de ces différents cultes reçoivent de l'État un traitement ou une allocation.

Pour le culte catholique, cette allocation est une partie de la rente des biens enlevés à l'Église en 1789, rente que l'État s'est obligé à servir par la loi suivante :

L'Assemblée nationale décrète :

Tous les biens ecclésiastiques sont à la disposition de la nation, à charge de pourvoir d'une manière convenable aux frais du culte, à l'entretien des ministres, et au soulagement des

---

[1] La charte de Louis XVIII (1814) rendit à la religion catholique cette ancienne prérogative, qu'elle garda jusqu'en 1830.

[2] Ces chiffres sont ceux qu'a fournis le recensement de 1872.

pauvres, sous la surveillance et d'après les instructions des provinces. Dans les dispositions pour subvenir à l'entretien des ministres de la religion, il ne pourra être assuré à la dotation d'aucune cure moins de 1,200 livres, non compris le presbytère. (22 novembre 1789.)

Les biens de l'Église avaient un revenu de cent quatre-vingts millions, et représentaient une valeur d'environ quatre milliards.

L'État n'a pas retiré de la vente de ces biens une somme aussi considérable; mais l'obligation qu'il a contractée n'en subsiste pas moins. A la vérité, il s'est affranchi de cette obligation en 1793, lorsque le culte catholique a été aboli en France. Mais lors de la conclusion du Concordat, le gouvernement s'est engagé à y satisfaire, et c'est à cette condition que le Pape a ratifié, autant qu'il pouvait le faire, la vente qui avait été effectuée des biens de l'Église catholique.

L'État n'avait enlevé aucune propriété aux protestants et aux israélites; il ne leur devait donc aucune *indemnité* ou *rente*. Aussi les ministres de ces cultes n'ont-ils reçu aucun traitement jusqu'à la révolution de juillet 1830.

Les dépenses du budget des cultes se sont élevées en 1877 à 51 496 445 francs pour le culte catholique, et à 1 792 000 pour les autres cultes.

Rapports de l'État avec les cultes reconnus. — Les rapports entre l'État et l'Église catholique sont réglés par le Concordat, ou traité intervenu le 15 juillet 1801 entre le Pape Pie VII et Bonaparte, alors premier Consul.

Le chef de l'État désigne les cardinaux, archevêques et évêques; ils se font agréer par le Pape, qui les préconise, les autorise à se faire sacrer, et leur donne la juridiction qu'ils doivent exercer.

Il y a en France sept cardinaux, qui sont en même temps archevêques ou évêques; dix-sept archevêques, et soixante-sept évêques. Il y a en outre, en Algérie et Tunisie, un archevêque et trois évêques, et dans les autres colonies, trois évêques.

A la tête de chaque paroisse protestante est un pasteur, assisté d'un *conseil presbytérial*. Cinq paroisses forment la juridiction d'un *consistoire* ou d'un *synode*. A Paris, un *conseil central* représente les églises protestantes auprès du gouvernement.

Le culte israélite comprend des *synagogues*, desservies par les rabbins. Au-dessus des synagogues est le *consistoire départemental*. Un *consistoire central* siège à Paris.

Résumé.

1º Avant la Révolution, l'Église catholique était seule reconnue en France ; elle était la religion de l'État ; elle a de nouveau joui de cette prérogative depuis 1814 jusqu'en 1830.

2º Actuellement, la France reconnaît les cultes catholique, protestant et israélite.

3º L'allocation faite par le gouvernement aux ministres du culte catholique est une partie de la rente des biens enlevés à l'Église et mis à la disposition de la nation, par la loi du 22 novembre 1789.

4º Les rapports entre l'Église catholique et l'État sont réglés par le Concordat du 15 juillet 1801.

5º Le chef de l'État nomme aux évêchés ; les évêques reçoivent l'institution canonique du Pape avant de recevoir la consécration épiscopale.

6º Les curés sont nommés par les évêques, et agréés par le gouvernement.

7º Les ministres des cultes protestant et israélite sont nommés par le gouvernement.

XVII. — ORGANISATION DE L'ÉGLISE CATHOLIQUE

Nous venons de voir que la France compte plus de 35 000 000 de catholiques, tandis que les statistiques n'accusent guère qu'un demi-million de dissidents. On ne trouvera donc pas extraordinaire que nous exposions avec quelque détail l'organisation de l'Église catholique.

De l'Église catholique en général. — L'Église catholique, répandue dans le monde entier, compte, en chiffres ronds, 200 000 000 de fidèles, répartis en 1127 diocèses. A la tête de ces diocèses sont des cardinaux, des patriarches, des archevêques, des évêques ou des vicaires apostoliques, en communion avec le Saint-Siège, c'est-à-dire ayant reçu du Pape leur juridiction, lui rendant compte des actes de leur administration spirituelle, et recevant ses instructions pour le bon gouvernement des âmes.

Du Saint-Siège. — Par le Saint-Siège ou Siège apostolique, on entend le Siège épiscopal fixé par saint Pierre à Rome, et dont le Pape est titulaire. On désigne aussi sous ce nom le Pape lui-même, et le gouvernement pontifical. Le Pape a autorité et juridiction immédiate sur toute l'Église ; les catholiques, quel que soit leur rang : évêques, princes, simples fidèles, sont soumis à son autorité spirituelle. Tout ce qu'il règle touchant la foi, les mœurs, la liturgie, etc., est réglé définitivement.

Le Pape est élu par le *sacré Collège* ou collège des *cardinaux*, qui forme son conseil ordinaire pour le gouvernement de l'Église. On compte six cardinaux-évêques, cinquante cardinaux-prêtres et quatorze cardinaux-diacres. Ils sont répartis en diverses congrégations, dont chacune s'occupe d'une catégorie spéciale d'affaires; nommons : la congrégation de la *Propagande*, celle des *Rites*, celle de l'*Index*, celle des *Évêques* et *Réguliers*...

Le Saint-Siège accrédite auprès des gouvernements étrangers des ambassadeurs qui prennent le titre de nonces (*envoyés*), d'internonces, de délégués apostoliques. Les gouvernements accréditent auprès du Pape des ambassadeurs, des ministres, etc. A Paris, le nonce apostolique, dans les cérémonies officielles, porte la parole au nom du corps diplomatique, dont il est censé le doyen.

Administration du culte catholique en France. — Le ministère des cultes, en France, est généralement rattaché à l'un des trois ministères suivants : justice, intérieur ou instruction publique. Un conseiller d'État est, d'ordinaire, chargé de la Direction du culte catholique.

La Direction du culte catholique s'occupe de tout ce qui regarde le personnel ecclésiastique, des nominations à faire dans le clergé, et auxquelles participe le gouvernement, du budget des cultes, de l'administration temporelle des diocèses, des paroisses, des établissements diocésains, etc.

Administration diocésaine. — Les archevêques n'ont pas, à proprement parler, d'autorité sur les évêques. Les uns et les autres gouvernent leurs diocèses respectifs dans la plénitude de leurs droits. Les archevêques sont assistés de trois vicaires généraux; le chapitre de leur cathédrale comprend dix chanoines, dont la nomination doit être agréée par le gouvernement. Les évêques n'ont que deux vicaires généraux et neuf chanoines. Dans un certain nombre de paroisses, une au moins par canton, la nomination du curé, qui a ordinairement aussi le titre de doyen ou d'archiprêtre, doit également être soumise au gouvernement. Les chanoines et les curés dont la nomination est ainsi agréée sont inamovibles. Les prêtres qui *desservent* les autres paroisses peuvent être changés par l'évêque.

Administration paroissiale. — Dans chaque paroisse est établi un conseil de fabrique, qui est, à l'origine, nommé partie par l'évêque et partie par le préfet. Il se recrute ensuite lui-même. Il se nomme un *bureau*, qui s'appelle *bureau des marguilliers*. La fabrique est propriétaire des biens qui appartiennent à la paroisse. Elle en administre les revenus sous l'autorité de l'évêque et du préfet. Les communes sont tenues, dans certains cas, de venir en aide aux fabriques pour subvenir aux frais du culte. Elles ont d'ailleurs une obligation analogue à l'égard des consistoires protestants et israélites.

Résumé.

1° L'Eglise catholique compte 200 000 000 de fidèles, répartis en 1127 diocèses.

2° Le Saint-Siège gouverne l'Église catholique. Il comprend le Pape et le sacré Collège des cardinaux, au nombre de soixante-dix.

3° Le Pape envoie des nonces aux gouvernements et reçoit leurs ambassadeurs.

4° Le ministère des cultes en France est rattaché à l'un de ces trois ministères : justice, intérieur, instruction publique. Il y a une *Direction du culte catholique* dont le chef est conseiller d'État, *directeur général des cultes*.

5° Les archevêques et évêques sont assistés dans l'administration par des vicaires généraux et des chanoines. Ces derniers sont inamovibles. Les curés dont la nomination est agréée par le gouvernement, sont également inamovibles.

6° Les fabriques sont des conseils qui administrent les biens des paroisses, sous l'autorité de l'évêque et du préfet.

XVIII. — L'INSTRUCTION PUBLIQUE

Éducation et enseignement. — Les parents ont le devoir de faire instruire leurs enfants des principes de la religion, des vérités morales, de toutes les obligations que peuvent avoir à remplir de bons chrétiens et de bons citoyens ; c'est là proprement l'éducation.

Ils doivent aussi leur faire donner une instruction littéraire et scientifique en rapport avec leurs moyens, et la position que ces enfants seront vraisemblablement appelés à occuper plus tard.

Jusque dans ces derniers temps, on s'est borné en France à multiplier les écoles, à les pourvoir de bons maîtres, et à engager les familles à veiller à l'instruction des enfants; mais on n'exerçait aucune espèce de contrainte, comptant sur la conscience des parents, et sur leur amour pour leurs enfants. On se refusait à admettre que les parents repousseraient le bienfait de l'instruction une fois qu'on l'aurait mise à leur portée; le législateur ne pensait pas pouvoir leur enlever la liberté de prendre à cet égard des déterminations dont ils avaient seuls la responsabilité.

Aujourd'hui, à cette obligation morale des parents, s'ajoute l'obligation légale d'envoyer leurs enfants à l'école, depuis l'âge de six ans jusqu'à l'âge de treize ans.

Toutefois, les enfants qui auront obtenu le *certificat d'études primaires* à l'âge de onze ans, seront dès lors dispensés de l'obligation légale d'aller à l'école.

Les parents ont la faculté de mettre leurs enfants à l'école publique, de les instruire eux-mêmes, de leur donner un précepteur ou de les envoyer dans une école libre, s'il en existe à leur portée.

L'enseignement primaire comprend (loi du 28 mars 1882) :
L'instruction morale et civique ;
La lecture et l'écriture ;
La langue et les éléments de la littérature française ;
La géographie, particulièrement celle de la France ;
L'histoire, particulièrement celle de la France jusqu'à nos jours ;
Quelques notions usuelles de droit et d'économie politique ;
Les éléments des sciences naturelles, physiques et mathématiques ; leurs applications à l'hygiène, aux arts industriels, travaux manuels et usage des outils des principaux métiers ;
Les éléments du dessin, du modelage et de la musique ;
La gymnastique ;
Pour les garçons, les exercices militaires ;
Pour les filles, les travaux à l'aiguille.

Certificat d'études. — Le programme des examens pour le *Certificat d'études primaires*, déterminé par l'arrêté du 16 juillet 1880, comprend :
Une dictée de vingt-cinq lignes au plus ;
Deux questions d'arithmétique : calcul et système métrique, solution raisonnée ;
Une rédaction d'un genre simple (récit, lettre, etc.).
L'examen oral porte sur la lecture, la grammaire, l'analyse, l'histoire et la géographie de la France, le calcul et le système métrique.

Pénalités. — Lorsqu'un élève se sera absenté de l'école sans motif suffisant, ses parents ou autres personnes responsables pourront être condamnés, suivant les cas, aux peines suivantes :
1º Inscription pendant quinze jours ou un mois, à la porte de la mairie, des nom, prénoms et qualité de la personne responsable, avec indication du fait relevé contre elle.
2º Amende de 1 à 15 francs ;
3º Emprisonnement de un à cinq jours.

Enseignement religieux. — L'enseignement religieux ne fait plus partie du programme des écoles publiques. La loi laisse aux parents des élèves qui fréquentent ces écoles le soin de leur faire donner l'instruction religieuse, en dehors du temps des classes.

Les enfants ne sauraient ignorer que c'est un devoir rigoureux, imposé par la conscience, de s'instruire de la vérité religieuse; ne pouvant s'acquitter de ce devoir à l'école publique, ils devront profiter des mesures qui seront prises par leurs parents et le clergé, pour s'assurer le bienfait des lumières et des secours de la religion, si nécessaires à notre bonheur, même en ce monde.

Résumé.

1° Les parents ont une obligation morale de veiller à l'éducation de leurs enfants.

2° Ils y sont en outre obligés par la loi civile.

3° Ils doivent les faire instruire : 1° de la religion et de la morale; 2° des connaissances qui pourront leur être utiles ou nécessaires, soit pour se créer une position, soit pour en bien remplir tous les devoirs.

4° Ils peuvent faire donner l'éducation à leurs enfants dans les écoles publiques, dans les écoles libres ou dans leur famille.

XIX. — ORGANISATION DE L'INSTRUCTION PUBLIQUE EN FRANCE

Divers degrés d'enseignement. — Le gouvernement a créé des écoles de trois degrés : *primaire, secondaire, supérieur;* la loi permet aussi aux particuliers et aux corporations d'en fonder de semblables. Les premières sont les écoles publiques, et les autres, les écoles libres. La loi a décidé que toutes les écoles publiques devraient devenir écoles laïques dans un délai déterminé, mais cette transformation, qui n'est pas encore obligatoire dans tous les départements, n'a pas été opérée partout. La même loi a expressément réservé le droit de maintenir dans les écoles libres l'enseignement par les membres des congrégations religieuses. (Loi de 1886.)

L'instruction primaire seule est rendue obligatoire par la loi; mais les familles peuvent, si elles le veulent, faire donner à leurs enfants un enseignement beaucoup plus complet, par lequel ils se préparent aux diverses carrières.

L'enseignement primaire élémentaire est complété, dans les écoles *primaires supérieures,* par des leçons de mathématiques, de composition française, de sciences physiques et naturelles, de dessin, etc. (Voir page 48 le programme de l'enseignement primaire.)

L'enseignement secondaire se donne dans les lycées et autres établissements similaires.

Il comprend *l'instruction secondaire classique,* caractérisée par l'étude des langues mortes[1] (latin et grec), et *l'in-*

---

[1] Elle prépare au grade de *bachelier ès lettres* ou *ès sciences.*

struction secondaire spéciale, qui ne suppose pas l'étude de ces langues mortes[1].

L'**enseignement supérieur** est donné dans les facultés de l'État ou dans les facultés libres organisées conformément à la loi. Il prépare les jeunes gens aux grades de licencié et de docteur. On distingue les facultés de théologie, de droit, de médecine, des sciences et des lettres.

Des écoles forment les professeurs qui se destinent à donner l'enseignement à ses divers degrés. Les écoles normales primaires préparent les instituteurs destinés à enseigner dans les écoles primaires; l'école normale de Cluny, des maîtres pour l'enseignement secondaire spécial, et l'école normale supérieure, pour les lycées. Les professeurs de facultés sont formés dans les cours des facultés elles-mêmes.

Les maîtres des écoles primaires doivent être munis du *brevet élémentaire* ou du *brevet supérieur;* pour l'enseignement secondaire spécial, le *brevet de l'enseignement spécial* est requis; pour l'enseignement secondaire classique, on exige le *diplôme* de *bachelier* ou de *licencié;* pour l'enseignement supérieur, celui de *licencié* ou de *docteur*.

Institut de France. — Au-dessus de toutes les écoles est l'Institut de France, qui comprend: 1° l'*Académie française*[2], composée de quarante membres, élus parmi les écrivains les plus célèbres; 2° l'*Académie des sciences physiques et mathématiques*[2], formée de savants; 3° l'*Académie des sciences morales et politiques*[3]; elle se compose surtout de philosophes, de moralistes et d'hommes d'État; 4° l'*Académie des inscriptions et belles-lettres*[4], qui étudie surtout les monuments et les documents au point de vue historique; 5° l'*Académie des Beaux-Arts*[5], qui maintient les bonnes traditions parmi les artistes: sculpteurs, peintres, architectes, musiciens, etc.

Administration de l'Instruction publique. — L'administration de l'instruction publique comprend:

1° Le *Ministre de l'Instruction publique*, assisté du *Conseil supérieur;*

2° *Un Recteur,* à la tête de chacune des quinze académies ou circonscriptions universitaires; il est assisté d'un *conseil académique;*

3° Dans chaque département, un *Conseil départemental*

---

[1] Elle prépare au *diplôme de fin d'études* ou *baccalauréat français*.
[2] Fondée en 1635. — [3] Fondée en 1666. — [3] Fondée en 1795. — [4] Fondée en 1663. — [5] Fondée en 1648.

et un *Inspecteur d'Académie*; dans chaque arrondissement, au moins un *Inspecteur primaire*.

4° Des *Inspecteurs généraux* sont délégués par le ministre pour visiter les écoles des divers degrés dans les différentes académies.

Résumé.

1° Il y a trois degrés d'enseignement : l'enseignement primaire, l'enseignement secondaire classique et secondaire spécial, et l'enseignement supérieur.

2° Les maîtres destinés à l'enseignement public s'instruisent dans les écoles normales.

3° L'Institut de France est la réunion des hommes les plus savants, dans toutes les branches. Il comprend cinq académies.

4° L'administration de l'Instruction publique comprend : le ministre, assisté du conseil supérieur et des inspecteurs généraux; les recteurs, les inspecteurs d'académie, les inspecteurs primaires.

XX. — LA FORCE PUBLIQUE

Mission de la force publique. — La force publique est l'ensemble des corps qui peuvent contraindre les citoyens au respect de la loi, et empêcher les puissances étrangères de porter atteinte à l'intégrité du territoire et aux droits de la nation.

La force publique se compose de l'armée, — dont fait partie la gendarmerie, — de la marine et de la police.

La police a principalement pour mission de maintenir l'ordre dans la rue et d'arrêter les malfaiteurs. La gendarmerie exécute les mandats de justice partout où la police ne peut étendre son action, assure l'exécution des sentences portées par les tribunaux contre les coupables, etc.

La mission de l'armée et de la marine est de maintenir le prestige et la puissance de la nation au dehors, et de rétablir l'ordre à l'intérieur quand il est troublé.

Lorsque les dissentions intérieures, la guerre civile ou la guerre étrangère mettent en péril la sécurité publique ou l'intégrité du territoire, le gouvernement proclame l'état de siège dans certains départements, et même dans le pays tout entier. Alors toute l'autorité passe entre les mains des chefs de l'armée, qui ne laissent fonctionner les autres administrations que dans la mesure compatible avec les intérêts du pays, dont ils ont la responsabilité.

L'état de siège ne peut être proclamé, en temps de paix, qu'avec l'assentiment des deux Chambres.

Service militaire. — Le service militaire est diversement organisé dans les différentes nations. Chez quelques-unes, l'armée permanente n'est composée que de volontaires[1]. Ailleurs, on a établi le système de la *conscription* et du *tirage au sort*. En France, nous sommes sous ce dernier régime. Tout citoyen français valide est soldat de vingt à quarante-cinq ans. Il passe trois ans dans l'*armée active*[2], sept ans dans la *réserve de l'armée active*, six ans dans l'*armée territoriale* et neuf ans dans la *réserve de l'armée territoriale*[3].

On tire au sort, et l'effet du tirage est de déterminer les jeunes soldats appelés à compléter les cadres de l'armée de mer où ceux qui, dans le cas où le nombre d'hommes entretenus sous les drapeaux excèderait l'effectif normal, pourraient être renvoyés dans leurs foyers.

Après un an de service, peuvent être dispensés les jeunes gens considérés comme indispensables à leurs familles, tels que l'aîné des orphelins de père et de mère, le fils unique ou aîné d'une famille de sept enfants, le jeune homme dont le frère aîné est mort au service, etc.

Peuvent également être dispensés, après un an de présence sous les drapeaux, des jeunes gens regardés par la loi comme rendant à la nation des services équivalents à un service militaire plus prolongé. Tels sont les instituteurs publics, les élèves ecclésiastiques, les étudiants poursuivant leurs études en vue d'obtenir certains diplômes ou brevets, les élèves admis dans certaines écoles scientifiques, agronomiques, industrielles ou commerciales.

Toutes ces dispenses ne sont que conditionnelles et cessent d'avoir effet lorsque les dispensés, aux époques fixées par la loi, ne peuvent justifier des diplômes, brevets, grades ou fonctions en vue desquels ces dispenses ont été accordées.

Le bénéfice de ces dispenses cesse également en temps de guerre.

En temps de paix, tous les dispensés sont tenus de prendre part, chaque année, à des manœuvres ou à des

---

[1] L'Angleterre, les États-Unis, etc. En France, il en était ainsi autrefois. La *conscription* a été établie pour la première fois sous le Directoire (septembre 1798). Tout Français devait être soldat de vingt et un à vingt-cinq ans.

[2] L'*armée active* est destinée, en cas de guerre, à marcher à l'ennemi.

[3] L'*armée territoriale* est appelée, en cas de guerre, à garder les places de l'intérieur et les territoires envahis. Au besoin, elle est envoyée à l'ennemi.

exercices, d'une durée de quatre semaines pour les hommes de la réserve de l'armée active, et de deux semaines pour les hommes de l'armée territoriale.

Résumé.

1° La force publique comprend l'armée, la marine, la gendarmerie, la police.

2° L'armée et la marine sont surtout destinées à faire respecter le pays par les puissances étrangères.

3° La gendarmerie et la police ont surtout pour mission d'assurer l'ordre et la sécurité à l'intérieur, d'arrêter les malfaiteurs, etc.

4° En France, tout citoyen valide, non légalement dispensé, est soldat de vingt à quarante-cinq ans, soit dans l'armée active, soit dans l'armée territoriale.

5° Le tiers des soldats, en temps de paix, ne passent qu'un an sous les drapeaux.

6° Sont dispensés du service militaire, ceux qui sont considérés comme rendant à la nation des services équivalents dans d'autres positions.

XXI. — ORGANISATION DE L'ARMÉE

Des corps d'armée. — Au point de vue militaire, la France est divisée en 18 régions ayant chacune un corps d'armée. Un 19ᵉ corps est organisé en Algérie [1].

Chacun de ces corps d'armée comprend deux divisions d'infanterie, une brigade de cavalerie, une brigade d'artillerie, un bataillon du génie, un escadron du train. A la tête de chaque corps d'armée est un général de division, avec le titre de commandant de corps. Le service des subsistances et des hôpitaux est fait par l'intendance.

Une *division* comprend plusieurs *brigades*; une brigade se compose d'au moins deux régiments; le régiment comprend ordinairement quatre *bataillons* (dans l'infanterie), ou cinq *escadrons* (dans la cavalerie). Le *bataillon* se divise en *compagnies*; dans l'artillerie, les *compagnies* sont désignées sous le nom de *batteries*.

---

[1] On compte :

    704 714 hommes dans l'armée active.
    510 294 — dans la réserve de l'armée active.
    582 523 — dans l'armée territoriale.
    625 633 — dans la réserve de l'armée territoriale.

Ce qui donne un total de 2 423 164 hommes, auquel il faut ajouter environ 1 330 000 hommes dispensés du service, ce qui porte l'effectif total à 3 753 164 hommes.

En temps de paix, l'armée active comprend 475 842 hommes, et 107 221 chevaux.

C'est un effectif plus fort que celui d'aucune nation, toute proportion gardée.

L'Allemagne n'a que 420 000 soldats en temps de paix; l'Autriche, 270 000; l'Italie, 300 000, et la Russie, 7 à 800 000.

L'armée compte 151 régiments d'infanterie, plus 30 bataillons de *chasseurs à pied* et des compagnies de *chasseurs forestiers*. (Décret du 22 septembre 1882.)

La **cavalerie** se compose de 77 régiments, plus 19 escadrons d'éclaireurs.

L'**artillerie** se compose, d'après la loi du 24 juillet 1884: de 38 régiments à 12 et 11 batteries; de 16 bataillons d'artillerie à pied de 6 batteries; de 2 régiments de *pontonniers*, de 10 compagnies *d'ouvriers d'artillerie* et 3 compagnies *d'artificiers*.

Le **génie**, spécialement chargé de la construction, de la défense et de l'attaque des places fortes, comprend 4 régiments de *sapeurs-mineurs* à 5 batteries.

Les **équipages militaires** se composent de 20 escadrons du *train* à 3 compagnies, plus 12 compagnies mixtes en Algérie.

Chaque régiment a un drapeau, qui est l'emblème et l'image de la patrie. Perdre son drapeau, c'est subir une grave atteinte dans son honneur. Prendre à l'ennemi un drapeau, c'est un titre de gloire. Lorsqu'un régiment prend un drapeau ennemi sur un champ de bataille, son propre drapeau est décoré de la croix de la Légion d'honneur.

Hiérarchie militaire. — Les grades sont, dans l'ordre hiérarchique, les suivants : caporal (brigadier dans la cavalerie), sergent (maréchal des logis dans la cavalerie), sous-lieutenant, lieutenant, capitaine (qui commande une compagnie), commandant (chef de bataillon ou d'escadron), lieutenant-colonel, colonel (qui commande un régiment), général de brigade, général de division, général commandant un corps d'armée.

On désigne sous le nom *d'officiers supérieurs* ceux qui sont pourvus des grades de *commandant* et au-dessus; les officiers supérieurs, à partir du général de brigade, sont appelés *officiers généraux*.

La **gendarmerie** (de gens d'armes) est spécialement chargée de maintenir l'ordre dans le pays. Les gendarmes visitent plusieurs fois par mois les communes du canton, et font attester leur passage par un certificat du maire. Ils sont chargés d'arrêter les malfaiteurs, de les livrer aux tribunaux, dont ils font exécuter les sentences. La gendarmerie a un effectif de 27 014 hommes, et 13 667 chevaux. Elle est divisée en légions, compagnies et brigades.

Écoles militaires. — Pour préparer à l'armée de bons

cadres, c'est-à-dire des sous-officiers et des officiers instruits, l'État a créé un certain nombre d'écoles : 1° **l'école des pupilles de l'armée**, à Rambouillet; on y fait l'éducation des enfants de troupes; 2° **l'école de Saint-Maixent**, pour former des sous-officiers; 3° **le prytanée militaire de la Flèche**; on y reçoit des enfants encore jeunes auxquels on donne une éducation qui les prépare à l'école de Saint-Cyr; 4° **l'école militaire de Saint-Cyr**, qui prépare des sous-lieutenants pour l'infanterie et la cavalerie; 5° **l'école polytechnique**, d'où les élèves sortent sous-lieutenants et peuvent passer à **l'école d'application de l'artillerie et du génie de Fontainebleau**; l'école spéciale de Saumur qui est l'école d'application de la cavalerie; enfin l'école supérieure de guerre, où viennent étudier la stratégie les capitaines qui réussissent à s'y faire admettre après examen.

Les dépenses annuelles du ministère de la guerre ont été de 575 129 017 francs en 1880.

Marine. Forces navales. — La marine française comprend 4 régiments d'infanterie de marine, dont l'effectif total est de 16 000 hommes; l'artillerie de marine, 4500 hommes, et le corps du génie de marine, 155 hommes; elle a en outre 1783 officiers de marine, 46 500 hommes d'équipage, et 3430 hommes chargés des divers services : corps de santé, aumôniers, mécaniciens, etc.

Indépendamment de la marine de l'État, on peut compter, en cas de nécessité, sur les *inscrits maritimes*, que l'État a le droit de requérir en temps de paix comme en temps de guerre, jusqu'à ce qu'ils aient atteint l'âge de quarante ans.

Ils sont dispensés du service dans l'armée.

Sont *inscrits* dans les bureaux de la marine tous les jeunes gens de dix-huit ans et plus, qui, ayant fait deux voyages au long cours, ou servi pendant deux ans en qualité d'apprentis marins, etc., veulent faire de la navigation ou de la pêche leur profession.

Le nombre des marins inscrits est d'environ 170 000. Lorsqu'ils sont requis pour le service de l'État, ils reçoivent une solde au moins égale à celle qu'ils avaient dans l'industrie privée.

Les officiers généraux, dans la marine, sont les amiraux, les vice-amiraux et les contre-amiraux, dont les grades correspondent respectivement à ceux de maréchal de France, de général de division et de général de brigade; viennent ensuite les capitaines de vaisseau, grade équivalent à celu de colonel, les capitaines de frégate, les lieutenants de vaisseau, les enseignes et les aspirants de première et de seconde classe.

La flotte se composait, au 1er janvier 1879, de 66 cuirassés, 34 bâtiments de défense et d'attaque des côtes, 222 vapeurs, 36 bâtiments à voiles.

Nous avons cinq préfectures maritimes : Cherbourg, Brest, Lorient, Rochefort, Toulon, commandées chacune par un vice-amiral ou un contre-amiral.

Une école navale, établie dans la rade de Brest, sur le *vaisseau-école*, prépare les officiers de marine pour la flotte de l'État.

Notre marine marchande se compose d'environ 16 000 navires de toutes grandeurs.

Dépenses de la marine en 1880 : 164 013 214 francs.

Résumé.

1° L'armée comprend dix-huit corps d'armée pour la France continentale, et un corps d'armée pour l'Algérie.

2° Un corps comprend plusieurs divisions; une division, plusieurs brigades; une brigade, plusieurs régiments.

3° On distingue l'infanterie, la cavalerie, l'artillerie, le génie.

4° Les grades, dans l'armée, sont les suivants : maréchal, général de division, général de brigade, colonel, lieutenant-colonel, commandant, capitaine, lieutenant, sous-lieutenant, sergent, caporal.

5° La gendarmerie est chargée d'arrêter les malfaiteurs et d'exécuter les mandats de justice.

Les écoles militaires sont : l'école des pupilles de Rambouillet, le prytanée de la Flèche, l'école de Saint-Cyr, l'école polytechnique, l'école d'application et l'école supérieure de guerre.

6° La marine défend les ports et les côtes. Elle comprend : l'infanterie de marine, l'artillerie, le génie, les inscrits maritimes et les hommes de la flotte.

XXII. — AFFAIRES ÉTRANGÈRES, TRAVAUX PUBLICS, AGRICULTURE, COMMERCE

Affaires étrangères. — Le ministère des *affaires étrangères* a dans ses attributions les relations avec les diverses puissances de l'univers.

Il est en rapport, à Paris, avec les ambassadeurs et autres représentants des nations étrangères, et il communique avec le gouvernement de ces nations par l'intermédiaire des ambassadeurs ou représentants de la France.

La hiérarchie est ainsi établie parmi les membres du corps diplomatique : ambassadeurs [1], ministres plénipoten-

---

[1] Voici le traitement que reçoivent quelques-uns des ambassadeurs de la France à l'étranger : Saint-Pétersbourg, 250 000 francs; Londres, 200 000; Vienne, 170 000; Berlin, 140 000; Constantinople, 130 000; Madrid, 120 000; Rome, 110 000; Berne, 60 000.

Les ministres plénipotentiaires reçoivent les traitements suivants :

tiaires, ministres résidents, chargés d'affaires, consuls généraux, consuls, vice-consuls.

Le corps diplomatique jouit de grandes prérogatives. Tout outrage à l'un de ses agents est regardé comme fait à la puissance qu'il représente. Les palais ou hôtels habités par les agents diplomatiques sont considérés comme un prolongement du territoire national. Ainsi, dans le palais de notre ambassadeur à Londres, on est en France, et le gouvernement anglais ne pourrait y faire arrêter un individu qui y serait sous la protection de l'ambassadeur.

Travaux publics. — Du ministre des travaux publics dépendent deux corps d'ingénieurs : les *ingénieurs des mines* et les *ingénieurs des ponts et chaussées*.

Les uns et les autres ont généralement dû passer par l'école polytechnique, et ensuite par l'école des mines ou celle des ponts et chaussées. Les premiers sont employés dans les mines, le plus souvent pour le compte des particuliers ou des compagnies.

Les *ingénieurs* des ponts et chaussées construisent les chemins de fer [1], les routes [2], les canaux et les ports de mer. Un corps de *conducteurs* des ponts et chaussées leur est adjoint pour les détails de la construction et de l'entretien des voies de communication. Les conducteurs ont au-dessous d'eux des agents désignés sous le nom de *piqueurs* et de *cantonniers*.

Parallèlement au corps des ponts et chaussées, a été constitué celui des *agents voyers* pour le service des chemins vicinaux. Les agents voyers forment un corps départemental, sous l'autorité du préfet.

Agriculture. — Le ministre de l'agriculture veille aux intérêts généraux de l'agriculture. Il organise les *concours agricoles*, les *concours régionaux*, les *expositions*. De lui dépendent l'institut agronomique (Paris); les fermes-écoles de

Pékin, 85 000 francs; Yédo, Washington, Rio-de-Janeiro, 80 000; Buenos-Ayres, 70 000; Athènes, Bruxelles, La Haye, Lisbonne, Téhéran, 60 000; Buckarest, Copenhague, Lima, Munich, Santiago (Chili), Stockholm, 50 000.

[1] La France possédait, le 10 juin 1883, 34 208 kilomètres de chemins de fer. En 1860, sur 71 millions de voyageurs, 5 seulement ont péri par suite d'accident; c'est un accident pour 15 millions de voyageurs. Les diligences donnaient en moyenne un mort pour 355 463. En chemin de fer, les accidents seraient donc quarante-cinq fois moins nombreux qu'en diligence. En Amérique, on comptait un homme tué par accident pour 4 304 888; c'est trois fois et demi plus qu'en France.

[2] Le 1er juin 1881, la France avait 39 938 kilomètres de routes nationales.

Grignon, de Grand Jouan (Loire-Inférieure), et de Montpellier; les écoles vétérinaires d'Alfort, de Lyon et de Toulouse.

Il est également chargé de *l'administration des forêts de l'État*[1]. Les fonctionnaires de cette administration sont : un directeur général, des inspecteurs et des sous-inspecteurs, des gardes généraux. Ils se préparent à exercer leur profession en suivant les cours de l'*école forestière de Nancy*. Ils ont sous leurs ordres des gardes forestiers.

Commerce. — Le ministre du commerce prépare les traités de commerce, organise les expositions des produits de l'industrie, etc. Il a dans ses attributions le Conservatoire des arts et métiers (Paris), et les écoles d'arts et métiers (Aix, Angers, Châlons). Il dresse les statistiques du commerce extérieur de la France[2], et prend des mesures pour favoriser les exportations.

Résumé.

1° Du ministre des affaires étrangères dépendent tous les représentants de la France auprès des puissances : ambassadeurs, ministres plénipotentiaires, chargés d'affaires, consuls généraux, consuls.

2° C'est par ces agents que le gouvernement français communique avec les autres gouvernements.

3° Le ministre des travaux publics a sous ses ordres les ingénieurs des ponts et chaussées et les ingénieurs des mines.

4° Il fait exécuter les travaux de chemins de fer, de routes, de canaux de creusement des ports de commerce, etc.

5° Des ingénieurs des ponts et chaussées dépendent les *conducteurs*, les *agents secondaires* ou *piqueurs* et les *cantonniers*.

6° Le ministre de l'agriculture encourage l'agriculture, par des primes et des prix, dans les comices agricoles, les concours régionaux, les expositions agricoles.

7° Le ministre du commerce prépare les traités de commerce, les expositions des produits de l'industrie. De lui dépendent les écoles d'arts et métiers et le conservatoire des arts et métiers.

[1] Les revenus des forêts de l'État, en 1880, ont été de 38 102 600 francs.

[2] TABLEAU *du commerce général de la France à diverses époques.*

ANNÉES	IMPORTATIONS	EXPORTATIONS	DIFFÉRENCE EN FAVEUR DE	
			IMPORTATIONS	EXPORTATIONS
1830	638 000 000	593 000 000	45 000 000	» »
1847	1 193 000 000	1 147 000 000	44 000 000	» »
1849	719 521 169	877 585 387	» »	158 064 218
1859	1 587 030 204	2 095 583 180	» »	508 552 976
1869	3 068 636 208	2 985 000 000	83 636 208	» »
1875	3 368 763 595	3 629 487 486	» »	260 723 891
1878	5 006 993 000	3 559 360 000	1 447 633 000	» »

XXIII. — BUDGET, DETTE PUBLIQUE, IMPÔT

Budget. — Le budget est le tableau complet des recettes et des dépenses de l'État pour une année. Il doit toujours être préparé et voté par les Chambres avant le commencement de chaque exercice. (On sait qu'en fait le Parlement adopte souvent les douzièmes provisoires, faute de pouvoir voter le budget en temps utile). Les douzièmes provisoires sont ainsi appelés parce qu'ils représentent, pour chaque nature d'imposition, la douzième partie de la taxe totale votée l'année précédente. Chaque douzième correspond ainsi à un mois de perception calculée d'après cette base.

Le ministre des finances dresse d'une part le tableau de toutes les dépenses à faire : c'est le *budget des dépenses;* d'autre part, le tableau des recettes probables : c'est le *budget des recettes.* Ces deux budgets réunis forment le *budget* proprement dit. Quand les recettes égalent les dépenses, on dit que le budget est *en équilibre;* dans le cas contraire, il y a *excédent* ou *déficit* [1].

Dette publique. — Quand l'État doit faire face à des dépenses extraordinaires, il emprunte les sommes qui lui sont nécessaires, et qu'il ne peut demander à l'impôt. Ces emprunts constituent la *dette publique.* Autrefois l'État, quand il empruntait, s'engageait, comme les simples particuliers, à rembourser le capital dans des conditions déterminées ; aujourd'hui il prend généralement l'engagement de payer une *rente,* mais il ne s'oblige pas à rendre le capital. Cette rente est *inscrite* au *Grand-Livre de la dette publique,* et s'appelle *rente inscrite, dette inscrite, rente perpétuelle.* Quelquefois cependant l'État emprunte momentanément des capitaux qu'il prévoit pouvoir rendre. Ces emprunts ne sont pas inscrits au *Grand-Livre de la dette*

---

[1] Nous donnons ici les chiffres de quelques-uns des budgets de la France. Nous nous bornons à indiquer les dépenses;

En 1814, 824 415 000 francs; en 1859, 1 766 080 877 ; en 1863, 1 721 581 077; en 1870, 1 750 882 748 (dépenses prévues; elles ont été dépassées considérablement); en 1872, 2 384 759 208; en 1876, 2 570 505 513.

Le budget de 1882 prévoyait une dépense de 2 854 000 000; celui de 1883, 3 030 000 000. Il faut ajouter à ces dépenses du budget ordinaire, celles dites sur ressources extraordinaires, estimées, en 1880, à 643 058 488 ; ce qui portait le budget de cette année à 3 435 952 167 francs, sans compter les budgets départementaux et communaux, évalués à plus de 500 millions, ce qui fait un impôt total d'au moins 4 milliards.

Aux États-Unis, chaque citoyen paye à l'État, en moyenne, un impôt annuel de 73 fr. 70 ; en Italie, 81 fr. 75 ; en Belgique, 85 fr. 97 ; en Allemagne, 90 fr. 22; en France, 99 fr. 58.

publique; ils constituent ce que l'on appelle la *dette flottante.*

Les particuliers qui possèdent de la *rente inscrite* peuvent recouvrer leur capital en *vendant* leurs titres de rente à la Bourse. Lorsque l'État a des ressources qui lui permettent de diminuer sa dette, il rachète lui-même les rentes et les annule au *Grand-Livre.*

Il est arrivé que l'État *a converti la rente.* Cette opération consiste à déclarer aux porteurs de la rente qu'au lieu de toucher, par exemple, 5 francs de rente, ils ne toucheront plus que 4 francs 50. L'État s'est réservé le droit de ramener les rentes 5, 4 1/2 et 4 0/0, par des conversions successives, au type unique 3 0/0. Alors une personne qui aurait 500 francs de rente 5 0/0 sur l'État verrait ses revenus s'abaisser successivement à 450 francs, 400 francs, 300 francs.

Cette opération n'a rien d'illégitime, l'État ayant fait connaître à l'avance qu'il la ferait quand il jugerait le moment opportun [1].

En 1882 la rente française se décomposait comme il suit : 5 0/0 : 345 743 272 francs [2] ; 4 1/2 : 37 442 779 francs ; 4 0/0 : 446 096 francs ; 3 0/0 : 362 325 399 francs.

En ajoutant à cette somme l'intérêt de la dette flottante, le montant des pensions de retraite, etc., on arrive à la somme de 1 197 725 498 francs environ, que l'État doit prélever sur l'impôt avant de faire face aux dépenses nécessitées chaque année par les services publics.

Impôt. — La religion moralise les individus, l'armée les protège, l'école les instruit, les tribunaux punissent les malfaiteurs et assurent à chacun la jouissance de ses droits; les ingénieurs construisent les canaux, les routes, les ports, etc.; les fonctionnaires de tout ordre veillent à l'accomplissement des lois, travaillent au bien-être de tous.

---

[1] En 1715, la dette publique était de 2 400 000 000 de francs; en 1774, d'environ 4 500 000 000 ; en 1798, après la vente des biens de l'Église, de ceux des émigrés, et la création d'environ 45 000 000 000 d'assignats, elle s'élevait encore à 2 800 000 000. C'est alors que, ne pouvant payer ni les intérêts ni le capital, le gouvernement a déclaré qu'il faisait banqueroute pour les deux tiers de cette dette, et qu'il payerait l'intérêt de l'autre tiers, sans s'engager à rembourser le capital; c'est de là que date le *Grand-Livre de la dette inscrite.*

La rente inscrite était alors de 46 500 000 francs. En 1814, elle était de 63 307 637 ; en 1830, de 199 417 208; en 1848, de 244 287 206 ; en 1852, de 239 304 527 ; le 1er janvier 1869, de 347 934 769 ; le 1er janvier 1879, de 746 586 367; le 1er janvier 1881, de 739 910 282.

Il y a en outre la rente de 1 400 000 000 de 3 % amortissable, s'élevant à environ 56 000 000 de francs.

Une loi du 27 avril 1883 a converti la rente 5 0/0 en 4 1/2.

Mais cela ne se fait pas sans que l'on dépense des sommes considérables, que l'État n'a pas entre les mains. Qui les lui fournira? Naturellement ce sont ceux qui bénéficient des institutions publiques, c'est-à-dire tous les citoyens, proportionnellement à leurs facultés, à leurs ressources et à l'importance des avantages qui leur sont garantis par les services publics.

Cela est juste, puisque celui qui a plus de biens jouit d'une protection plus étendue; cela est indispensable, car le pauvre ne parviendrait jamais à solder sa part si toutes les charges étaient absolument égales.

C'est sur ce principe qu'est basée la légitimité de l'impôt et son égale répartition entre tous les citoyens en proportion de leurs biens [1]. Tous les citoyens ayant les mêmes droits, ont les mêmes devoirs. Égaux devant la loi, ils sont égaux devant l'impôt.

Diverses formes de l'impôt. — On distingue l'*impôt direct* et l'*impôt indirect*. L'impôt direct porte sur des objets nettement déterminés à l'avance pour chaque particulier. Il comprend l'*impôt foncier*, que payent les propriétaires des immeubles : maisons, champs, vignes, forêts. Cet impôt est proportionnel à la valeur de l'immeuble, ou mieux à son revenu probable. L'*impôt mobilier*, qui est proportionné à la valeur du loyer de l'appartement qu'on occupe; l'*impôt des portes et fenêtres*, pour lequel on paye une somme déterminée pour chaque porte et chaque fenêtre des appartements que l'on habite; l'*impôt personnel*, qui est payé par tout individu majeur; il varie de 0 fr. 50 à 1 fr. 50; enfin l'*impôt des patentes*, qui est payé par tous ceux qui exercent une profession industrielle, commerciale ou libérale.

L'impôt indirect frappe les objets de consommation : le vin, la bière, le sucre, l'eau-de-vie, le tabac, etc.

Les revenus de la *douane*, qui fait payer à leur entrée en

---

[1] On ne saurait hésiter sur cette question de l'impôt, qu'il faut considérer comme une dette ordinaire. Jésus-Christ, interrogé en ces termes par les émissaires des pharisiens : « Est-il permis de payer le tribut à César (les Juifs ne voulaient pas reconnaître César comme souverain légitime)? » répondit, après s'être fait montrer une pièce de monnaie : « Rendez donc à César ce qui est à César, et à Dieu ce qui est à Dieu. » (S. Matthieu, XXII, 21.) Une autre fois, les percepteurs d'impôts dirent à Pierre : « Votre maître paye-t-il le didrachme (demi-sicle, valant environ 1 franc)? — Il le paye. » Et Jésus dit à Pierre : « Va à la mer, et jette l'hameçon; et le premier poisson qui y montera, tire-le; puis, ouvrant sa bouche, tu y trouveras un statère (un sicle, environ 2 francs); prends-le, et donne-le pour toi et pour moi. » (S. Matthieu, XVII, 24-26.)

France les objets importés de l'étranger, les recettes de l'enregistrement, de la poste, des télégraphes, des patentes, du timbre, forment des chapitres à part dans le budget annuel.

Les recettes de l'*octroi* sont un impôt particulier établi au profit des communes de 4 000 habitants et au-dessus.

Aucun impôt ne peut être établi que par une loi.

Résumé.

1° Le budget est le tableau des recettes et des dépenses de l'État pour une année.

2° Quand les recettes égalent les dépenses, le budget est en *équilibre*; quand elles les dépassent, il y a un *excédent*; quand elles ne les atteignent pas, il y a un *déficit*.

3° La dette publique est l'ensemble de ce que l'État doit aux particuliers. La *dette inscrite* est écrite non en capital, mais en *rentes* dans le Grand-Livre de la dette; la dette flottante est celle qui n'est pas inscrite sur ce livre; l'État est censé devoir en rembourser le capital.

4° L'État peut convertir la rente 5 % en rente 4 $^1/_2$, 4, 3 $^1/_2$, 3 %; c'est-à-dire qu'à ceux qui touchent 5 francs de rente, il ne donnerait plus que 4 fr. 50 ou 4 francs, etc.

5° L'impôt comprend les sommes que l'État prélève sur les revenus des citoyens, pour subvenir à toutes les charges du budget.

6° On distingue : 1° l'*impôt direct*, qui comprend : l'*impôt foncier*, l'*impôt mobilier*, l'*impôt des portes et fenêtres* et les *patentes*; 2° l'*impôt indirect*, qui frappe les objets de consommation. En apparence, c'est le producteur, vigneron, brasseur, distillateur, etc., qui paye cet impôt; en réalité, c'est le consommateur, car, sans l'impôt que paye le producteur, celui-ci livrerait ses produits à meilleur compte.

7° L'octroi est un impôt payé à l'entrée des villes, et à leur profit, pour certains objets de consommation qu'on y introduit.

XXIV. — FINANCES

Les diverses administrations suivantes sont particulièrement chargées de recouvrer l'impôt :

1° **Administration des contributions directes.** — Elle a un directeur général au ministère, un trésorier-payeur général dans chaque département, un receveur particulier dans chaque arrondissement, et des percepteurs qui recouvrent les impôts dans un certain nombre de communes. Ils versent les sommes perçues à la caisse du receveur particulier, qui, à son tour, fait ses versements dans la caisse du trésorier-payeur général[1], et celui-ci dans celle du ministère des finances.

Les contributions directes ont donné, en 1880, 401 209 200 fr.

2° **Administration de l'enregistrement, du timbre et**

---

[1] Il est bon de remarquer que les percepteurs, les receveurs particuliers et les trésoriers-payeurs généraux effectuent des payements pour les divers services dans les communes et les départements; ils ne versent donc dans les caisses centrales que leurs excédents.

des domaines. — Elle vend au profit de l'État le papier timbré, enregistre les contrats de vente et d'échange, et perçoit un droit proportionnel à la somme qui représente la valeur des immeubles vendus ou échangés ; elle perçoit les revenus des propriétés de l'État.

Les recettes de cette administration pour le budget de 1880 étaient évaluées à 640 666 700 francs.

3º **Administration des contributions indirectes** [1]. — Cette administration perçoit les impôts de consommation, c'est-à-dire ceux qui frappent les denrées et les produits fabriqués : le vin, l'alcool, la bière, le sucre. Les recettes des contributions indirectes pour 1880 étaient évaluées à 1 059 853 000 francs.

4º **Administration des douanes.** — La douane est une administration chargée de percevoir les droits que payent les marchandises à l'entrée ou à la sortie du territoire. L'objet de la douane est de protéger l'industrie et l'agriculture du pays contre la concurrence étrangère. C'est en 1790 que la douane a été organisée à peu près comme elle l'est encore aujourd'hui.

A la tête de ce grand service est un directeur général des douanes, assisté de quatre inspecteurs généraux. Les frontières sont divisées en sections, à la tête desquelles sont des directeurs, ayant sous leurs ordres des inspecteurs et des sous-inspecteurs chargés de surveiller les services des receveurs, des contrôleurs, des vérificateurs et des commis.

Outre ce service administratif, les douanes ont un service actif ou de brigades. Les préposés des douanes sont chargés d'empêcher la fraude et la contrebande ; ils forment une ligne continue de postes à la frontière. Leur service, par rapport aux contrebandiers, a une certaine analogie avec celui des gendarmes par rapport aux malfaiteurs. Ils sont sous les ordres de lieutenants et de capitaines. Les recettes pour les douanes et l'impôt sur le sel étaient évaluées, en 1880, à 311 499 000 fr.

Les frais de perception des divers impôts se montent annuellement à la somme d'environ 100 000 000 de francs.

Administration des tabacs. — L'administration des tabacs surveille la culture, la récolte du tabac et la préparation qui lui est donnée dans les manufactures de l'État, lesquelles seules ont le droit de livrer cette denrée au public.

---

[1] Les contributions indirectes avaient été en grande partie supprimées en 1790 ; elles furent rétablies en 1804, parce que cette suppression faisait porter une trop grande part des charges publiques sur l'agriculture.

En France, l'administration vend du tabac chaque année pour près d'un milliard, ce qui laisse au profit de l'État un bénéfice d'environ 333 083 000 francs (année 1880).

Postes et télégraphes. — Ces deux services appartiennent aujourd'hui au ministère de l'intérieur après avoir formé pendant quelques années un ministère spécial. Les fonctionnaires qu'ils emploient sont les directeurs généraux, les inspecteurs, les directeurs départementaux, les receveurs et les commis. Dans les bureaux peu importants, des femmes sont chargées du service [1].

Cour des comptes. — Afin de s'assurer que les deniers publics sont employés selon la loi, l'État soumet les comptes des diverses administrations publiques à l'examen de la *Cour des comptes* [2], qui exige la justification des moindres sommes, de sorte qu'aucune partie des revenus publics ne peut être détournée de sa destination sans que la Cour des comptes s'en aperçoive, et signale les irrégularités au ministre, qui contraint les coupables à réparer les torts faits à l'État.

Résumé.

1° L'administration des contributions directes est sous l'autorité d'un directeur général; ses fonctionnaires sont les *trésoriers-payeurs généraux*, les *receveurs particuliers*, les *percepteurs*. Des *inspecteurs généraux* et des *contrôleurs* surveillent tous les services.

2° L'administration de l'enregistrement et du timbre vend le papier timbré, enregistre les contrats de vente et d'échange, etc.

3° L'administration des contributions indirectes perçoit les impositions ur les objets de consommation : vins, bière, eaux-de-vie, sucres, sel, etc.

4° L'administration des douanes perçoit les droits d'entrée des marchandises importées de l'étranger. Les préposés des douanes surveillent la frontière, et arrêtent les individus qui font la contrebande.

5° L'administration des tabacs surveille la plantation, la culture et la récolte du tabac, et le prépare pour le commerce.

6° Les postes et les télégraphes transmettent les correspondances, les télégrammes, les colis postaux, les journaux, imprimés et échantillons.

[1] En 1881, la poste a transporté 602 134 597 lettres ou cartes postales; 11 827 262 lettres en valeurs déclarées; 378 075 770 imprimés et échantillons; 345 364 572 journaux; soit en tout, 1 336 902 201 articles.

Les recettes ont été, en 1881, de 123 472 000 francs; et les dépenses, de 31 898 988 francs.

La longueur des lignes télégraphiques, au 1er janvier 1882, était de 73 878 kilomètres; celle des fils, de 233 057 kilomètres.

En 1881, on a expédié 17 514 147 télégrammes pour l'intérieur, et 1 952 017 pour l'étranger. Les recettes ont été de 29 095 048 francs, et les dépenses de 32 222 642 francs.

[2] La Cour des comptes de Paris a été établie en 1319; il en fut successivement créé d'autres dans les différentes provinces. Les lois des 7 septembre 1790 et 4 juillet 1791 les supprimèrent. L'empereur établit une seule *Cour des comptes* pour toute la France, le 6 septembre 1807.

7° La *Cour des comptes* vérifie les écritures des comptables de l'État, et exige la justification des dépenses faites pour les divers services publics.

XXV. — DEVOIRS CIVIQUES

Devoirs des citoyens. — Il n'est peut-être pas inutile de présenter en un rapide tableau le résumé des enseignements qui précèdent, ou mieux, des devoirs qui en sont la conséquence. En tête de ces devoirs, nous plaçons l'obligation d'*observer les lois;* viennent ensuite le devoir *fiscal,* le devoir *militaire*, le devoir *électoral* et le devoir *scolaire*.

Respect de la loi. — La loi est-elle respectée, la tranquillité règne, les esprits sont calmes, le commerce a la sécurité nécessaire, chacun jouit de ses droits, est libre d'accomplir ses devoirs. Toute violation de la loi est une atteinte à l'ordre, et, par conséquent, à la sécurité et à la prospérité de la nation. L'intérêt général bien compris exige donc que l'on observe fidèlement les lois. L'intérêt particulier des individus ne le demande pas moins. Les infractions aux lois sont punies par les tribunaux. Alors, quels embarras pour le coupable, quelle honte, quelles pertes, au point de vue pécuniaire! Et sa famille, dans quelles angoisses est-elle plongée! Mais il y a plus : en supposant que l'on puisse échapper à la justice humaine, on est sous l'œil de Dieu, qui a donné aux chefs des peuples le pouvoir d'obliger les consciences par de justes lois.

Devoir fiscal. — Le devoir fiscal consiste dans l'obligation de payer l'impôt. Cette obligation est fondée sur la nécessité où se trouve l'État de pourvoir aux divers services publics, tous établis pour le bien, la sécurité et la prospérité de la nation. Se dérober à ce devoir, c'est soustraire à l'État des ressources sur lesquelles la loi lui donne des droits, et c'est commettre une injustice envers ses concitoyens; car l'argent que l'on refuse de verser est nécessaire au Trésor, et s'il ne peut le recouvrer, on devra augmenter les charges de ceux qui payent régulièrement. La conscience s'unit donc encore ici à l'amour du pays pour sanctionner cette obligation.

Devoir militaire. — La nation a besoin de défenseurs; elle fait appel à ses enfants, et, afin que les charges du service militaire ne soient pas trop lourdes pour chaque individu, elle appelle tout le monde à les porter. Elle accorde ordinairement des dispenses à certaines catégories de citoyens qui rendent à l'État des services équivalents à ceux que lui rend l'armée. L'armée française n'a pas toujours été victorieuse, mais elle s'est toujours montrée vaillante. On n'a pas à craindre qu'elle perde les brillantes qualités qui l'ont rendue si redoutable, aussi longtemps que, dans la nation, le sentiment du devoir et de l'honneur sera soutenu par la pratique des vertus chrétiennes et viriles, qui sont la plus belle part de l'héritage laissé par nos pères.

Devoir électoral. — Les intérêts des communes, des départements, de la nation tout entière, sont entre les mains des élus de la nation, qui siègent dans les conseils municipaux, dans les conseils généraux, dans le parlement. Pour veiller efficacement sur ces intérêts, chaque électeur doit se rendre compte de la fidélité de ses mandataires à remplir la mission qui leur est confiée. S'ils émettent des votes qui compromettent les finances du pays, ou sa sécurité, ou la prospérité de son agriculture, de son commerce, de son industrie; s'ils ébranlent la propriété, la famille, la religion, qui sont les bases sur lesquelles s'appuie la société, il n'y a pas à hésiter, il ne faut plus voter pour eux, mais donner son suffrage à des personnes ou plus consciencieuses ou plus éclairées.

Devoir scolaire. — Les parents doivent veiller à l'éducation de leurs enfants, et les enfants doivent profiter des moyens d'éducation mis à leur disposition. Faire l'éducation de quelqu'un, c'est favoriser son développement physique, intellectuel et moral; en d'autres termes, c'est faire de lui un homme complet. S'il n'a que le développement physique et moral, il fera un honnête ouvrier, mais n'ira pas plus haut; s'il n'a que le développement intellectuel et moral, il ne pourra longtemps faire bénéficier la société de ses talents et de ses vertus; s'il n'a que le développement physique et intellectuel, il aura d'autant plus de force pour le mal qu'il saura mieux combiner ses projets, et sera plus vigoureux pour les exécuter. Donc le plus grand tort qu'on puisse faire à un individu et à la société, c'est de négliger le côté moral de l'éducation, c'est-à-dire de soustraire la jeunesse à l'influence salutaire de la religion.

Résumé.

Les citoyens ont pour devoir : 1° d'observer les lois;
2° De payer les impôts;
3° De servir dans l'armée;
4° De voter selon leur conscience;
5° De favoriser l'éducation de la jeunesse.

NOTIONS ÉLÉMENTAIRES DE DROIT PRATIQUE

I. — L'ÉTAT CIVIL ET MOYENS DE LE CONSTATER

État civil. — L'*état civil* d'un individu fait connaître la date et le lieu de sa naissance, ses parents, ses nom et prénoms; il indique s'il est célibataire, marié ou veuf, enfin il constate son décès.

Actes de l'état civil. — Les actes de l'état civil sont des documents inscrits dans des registres spéciaux tenus en double à la mairie de chaque commune; l'un de ces *doubles* est remis, à la fin de chaque année, au greffe du tribunal de l'arrondissement.

Ces actes sont au nombre de trois : *Acte de naissance, acte de mariage, acte de décès.*

La rédaction de ces actes doit être faite avec beaucoup de soin, car ils servent à garantir les intérêts les plus graves des particuliers [1].

Plusieurs personnes concourent à la confection des actes de l'état civil : le maire de la commune (ou ses adjoints), qui est désigné, pour cette fonction, sous le titre d'*officier de l'état civil;* les parties, les déclarants [2] et les témoins.

On peut toujours obtenir des copies des actes de l'état civil, désignées sous le titre d'*Extraits des registres de l'état civil,* sur papier timbré du prix de 1 fr. 80. Dans quelques cas très rares, on les obtient sur papier libre.

Acte de naissance. — La déclaration de naissance doit être faite dans les trois jours, par le père ou par la personne chez qui l'enfant est né, ou par le médecin, etc.

L'acte de naissance est signé par deux témoins, par le déclarant et par l'officier de l'état civil. Il indique le jour, l'heure, le lieu de la naissance, les prénoms de l'enfant, les noms, prénoms, profession et domicile de ses parents et des témoins.

Acte de mariage. — Le *mariage civil* est célébré publi-

---

[1] A Paris, les actes de l'état civil ayant été brûlés par la Commune, en 1871, ont pu être reconstitués, pour les catholiques, grâce aux registres tenus par les soins des curés dans les paroisses.

[2] Les *parties* sont les personnes que l'acte concerne; les *déclarants,* sont ceux qui viennent faire connaître les faits à l'officier de l'état civil.

quement en présence de l'officier de l'état civil à la mairie de la commune de l'un des deux époux, en présence de leurs parents ou ascendants, dont le consentement est requis, et de quatre témoins majeurs.

Le mariage civil lie devant la loi civile les personnes qui l'ont contracté; mais les catholiques ne se considèrent pas comme mariés et ne le sont pas, en effet, aux yeux de Dieu, de la conscience et de l'Église, tant qu'ils n'ont pas reçu le sacrement de mariage.

Le mariage ne saurait être dissous au point de vue religieux. La loi et la religion admettent que, dans certains cas, les époux aient une habitation séparée et se placent sous le régime de la *séparation de corps*. Le législateur est allé plus loin, et, en rétablissant le divorce, il a permis aux époux de rompre, au point de vue civil, le lien matrimonial qui les unissait; mais, au point de vue religieux, au point de vue des consciences, le mariage n'a pas cessé d'être indissoluble.

Lors de la célébration du mariage, le maire remet gratuitement à l'époux un petit livret, appelé *livre de famille*, et destiné à enregistrer plus tard tous les événements, naissances, décès, etc., intéressant les membres de la nouvelle famille. Ce livre doit être gardé soigneusement et tenu au courant, car il peut permettre de suppléer à la perte des actes de l'état civil, si elle venait à se produire.

Acte de décès. — L'acte de décès est dressé sur la déclaration de deux témoins, parents ou voisins du défunt. Il énonce les nom, prénoms, profession, domicile de la personne décédée et les renseignements que peuvent fournir les témoins sur ses parents et sur son état civil. Le décès doit être constaté par un médecin ou par l'officier de l'état civil. L'inhumation ne peut avoir lieu que vingt-quatre heures après cette constatation.

Résumé.

1° L'*état civil* d'une personne fait connaître son âge, son nom, le lieu de sa naissance, indique s'il est célibataire, marié ou veuf, et, à sa mort, constate son décès;

2° On constate l'état civil au moyen d'actes appelés actes de l'*état civil*, qui sont: l'*acte de naissance*, l'*acte de mariage*, l'*acte de décès*;

3° Ces actes sont reçus et passés par les soins et sous l'autorité du maire, *officier* de l'état civil;

4° On peut obtenir copie des actes de l'état civil sur papier timbré;

5° Le *mariage civil*, célébré à la mairie, lie, aux yeux de la loi civile seulement, les personnes qui l'ont contracté; elles ne sont mariées, aux yeux de Dieu, qu'après avoir reçu le sacrement de mariage.

II. — PROTECTION DES MINEURS

Mineur. — On désigne sous le titre de *mineur*[1] tout individu qui n'est pas considéré comme ayant la maturité voulue pour gérer certaines affaires. Ceux qui sont censés avoir cette maturité sont *majeurs*[2].

La loi française fixe la majorité à 21 ans pour l'exercice de la plupart des droits civils et politiques; mais elle admet plusieurs exceptions : ainsi, pour le mariage, on peut considérer en quelque sorte trois degrés de majorité.

La loi reconnaît aptes à se marier les hommes à 18 ans, et les femmes à 15 ans; mais elle exige le consentement des parents; à 25 ans pour l'homme et à 21 ans pour la femme, le consentement des parents doit encore être demandé par trois actes respectueux; si les parents persistent dans leur refus, le mariage peut avoir lieu malgré leur opposition; après 30 ans, un seul acte respectueux suffit.

Il résulte de ces dispositions : 1° qu'il y a divers degrés dans la jouissance des droits du *majeur*; et 2° que la loi n'admet pas qu'à aucune époque de sa vie, l'enfant se considère comme complètement soustrait à l'action de ses parents, auxquels il doit toujours le respect, la déférence, et, dans une certaine mesure, la soumission[3].

De même, pour l'exercice des droits politiques, on est électeur à 21 ans; mais on n'est éligible qu'à 25 ans, et, pour le sénat, la majorité requise est à 40 ans.

En principe, le mineur ne peut faire aucun contrat. Cependant, s'il venait à entrer en quelque arrangement avec une personne majeure, cette dernière ne pourrait se prévaloir de la *minorité* de son contractant pour faire annuler l'acte, et le contrat serait maintenu s'il favorisait les intérêts du mineur. Dans le cas, au contraire, où ses intérêts seraient lésés, le mineur ou son tuteur aurait la faculté de demander la *rescision* ou annulation du contrat.

Protection des mineurs, conseil de famille. — Mais si le mineur ne peut faire aucun acte de gestion de ses biens,

---

[1] *Mineur*, du latin *minor*, moindre.
[2] *Majeur*, du latin *major*, plus grand.
[3] Voici du reste le texte de l'article 371 du code civil : L'enfant, *à tout âge*, doit honneur et respect à ses père et mère.

il faut que quelqu'un y pourvoie; la loi veut qu'aussitôt après la mort d'une personne qui laisse des enfants mineurs, on réunisse un *conseil de famille*, pour la nomination d'un *tuteur* et d'un *subrogé-tuteur*.

Le *conseil de famille*[1] est une assemblée composée du juge de paix du canton, président, qui a voix prépondérante[2], et de six membres pris généralement parmi les parents du mineur, trois du côté paternel, et trois du côté maternel.

Le *conseil de famille* nomme le *tuteur* et le *subrogé-tuteur*; il est consulté toutes les fois qu'il y a lieu de faire ou consentir un contrat au nom du mineur. Ses délibérations, dans ces circonstances, doivent être *homologuées* (approuvées) par le tribunal civil compétent.

Tuteur. — Le *tuteur* est pris parmi les plus proches parents du mineur. Le survivant des père et mère est tuteur de droit; mais le conseil de famille pourrait récuser[3] le tuteur de droit s'il avait des raisons graves de redouter sa gestion[4]. Au défaut du père ou de la mère, la tutelle revient à l'ascendant le plus proche : s'il n'y avait pas d'ascendant, on confierait la tutelle au plus proche parent dans l'une des lignes collatérales.

La personne désignée pour gérer une tutelle ne peut s'y refuser à moins qu'elle ne puisse invoquer des raisons graves, telles que : l'exercice de fonctions publiques, l'âge (65 ans), les infirmités, l'éloignement[5], etc.

Le tuteur doit : 1° prendre soin de la personne du mineur, c'est-à-dire pourvoir à ses besoins, veiller sur sa conduite, lui faire donner une éducation en rapport avec la situation qu'il est vraisemblablement appelé à occuper dans la société; 2° administrer ses biens en bon père de famille, agir en son nom dans les contrats, procès, etc.

Lorsque le mineur atteint sa majorité, il lui est rendu compte par son tuteur de la gestion de ses biens.

---

[1] Organisé par le *Code Napoléon*.
[2] *Voix prépondérante*. On dit qu'un président d'assemblée a voix prépondérante quand, le nombre des voix étant égal des deux côtés, on donne gain de cause à l'opinion pour laquelle le président s'est prononcé. — *Prépondérant* signifie *qui a plus de poids*.
[3] *Récuser*, refuser de lui confier la tutelle.
[4] *Gestion*, l'administration des biens et le soin des intérêts du mineur.
[5] On peut refuser quand on demeure à plus de deux myriamètres du domicile du mineur.

Subrogé-tuteur. — On nomme, en même temps que le tuteur, un *subrogé-tuteur* [1], dont la mission est de veiller aux intérêts du mineur, et de les défendre contre le tuteur dans le cas où celui-ci y porterait atteinte. En cas de décès du tuteur, il convoque le conseil de famille pour procéder à la nomination d'un nouveau tuteur.

Émancipation. — A quinze ans, un mineur peut être émancipé par ses parents; il devient capable de faire plusieurs actes de la vie civile. L'orphelin ne peut être émancipé qu'à dix-huit ans. Le mineur émancipé ne peut aliéner ses biens.

Raison d'être de ces précautions. — Toutes ces précautions prescrites par la loi ont pour effet, comme on le voit, de protéger le faible, l'ignorant, l'inexpérimenté. Elles sont inspirées par un très équitable sentiment.

Dans le cas où un individu majeur viendrait à se montrer prodigue ou perdrait la raison, on le pourvoirait d'un *conseil*, appelé *conseil judiciaire*, et on le mettrait en tutelle à peu près comme les mineurs, parce que, malgré son âge, il serait tout aussi incapable qu'un enfant de gérer ses affaires.

Résumé.

1º On appelle *mineurs* les individus âgés de moins de 21 ans. Au delà de cet âge on est majeur;

2º Les mineurs ne peuvent faire aucun contrat qui les oblige envers un tiers;

3º Les intérêts des mineurs sont gérés par un *tuteur*, sous le contrôle du *Conseil de famille*;

4º On assimile aux mineurs les prodigues et ceux dont la raison est faible; on leur donne un tuteur pour gérer leurs biens et les mettre à l'abri des conséquences qu'entraînerait leur incapacité.

III. — LA PROPRIÉTÉ. — LES SUCCESSIONS

La propriété. — Par propriété on entend tout ce qui peut être possédé en propre. L'air, la mer, les nuages, la lumière des astres ne sont pas des propriétés.

Les propriétés prennent souvent le nom de *biens*. On distingue les *biens meubles*, qui se transportent facilement d'une place à une autre, comme l'argent, les vêtements, tout ce qui constitue le mobilier; et les *biens immeubles*, qui ne peuvent être déplacés ou qui ne le sont que diffici-

---

[1] *Subrogé*, qui est substitué à quelqu'un. Le subrogé-tuteur est substitué parfois au tuteur.

lement. Parmi les immeubles, citons les champs, les vignes, les maisons, les récoltes, tant qu'elles tiennent au sol, etc.

Fondement du droit de propriété. — Il est si naturel de considérer comme sa propriété la terre que l'on a défrichée et qui n'appartenait à personne, les récoltes qu'on y a fait venir, les objets qu'on a fabriqués, le poisson qu'on a pêché, le gibier qu'on a tué, tout bien, en un mot, qu'on a produit ou recueilli, et sur lequel nul autre n'avait un droit antérieur, qu'il y a lieu de s'étonner que des personnes jouissant de la plénitude de leur raison mettent en doute la légitimité du droit de propriété.

Si personne ne possédait quoi que ce fût en propre, tout appartiendrait à tout le monde. Mais alors qui travaillerait ? Ce système de société est connu ; il est pratiqué en partie chez les sauvages, qui ne possèdent guère en propre que leurs misérables haillons et leurs instruments de chasse [1]. Mais il n'y a parmi eux ni civilisation, ni art, ni industrie, ni rien de ce qui constitue un peuple recommandable. Les nations les plus avancées dans l'industrie ou qui se font le plus remarquer par leur culture intellectuelle et morale descendraient vite au niveau de ces malheureuses peuplades si le droit de propriété y était détruit ou seulement amoindri.

Le droit de propriété est un des plus puissants stimulants au travail, si favorable à la moralité, à l'étude et à la pratique des vertus sociales.

Comment on acquiert le droit de propriété. — Quand une chose n'appartient à personne, on l'acquiert par la simple prise de possession. C'est ce qu'on appelle le *droit de premier occupant*. On acquiert ainsi la propriété des animaux sauvages, des terres dans une contrée inhabitée. — Les choses que l'on produit soi-même constituent une propriété : un livre est la propriété de celui qui l'a écrit. Quant aux choses qui appartiennent déjà à quelqu'un, on les acquiert soit par héritage, soit par donation entre vifs, soit par un contrat d'achat, d'échange, etc. Toutes ces manières d'acquérir la propriété sont parfaitement légitimes.

Les successions. — Par succession [2], on entend les biens laissés en mourant par une personne quelconque, biens que

---

[1] Encore ont-ils au moins conservé assez la notion de *propriété* pour consacrer le droit à posséder ces objets de première nécessité.
[2] *Succession*, du latin *succedere*, venir après. Il signifie, ici, héritage; biens laissés en mourant aux *successeurs*.

recueillent d'autres personnes, qui lui succèdent, et que l'on appelle ses héritiers.

Les héritiers sont tout indiqués par la nature : les parents transmettent à leurs enfants les biens qu'ils ont eux-mêmes reçus en héritage et ceux qu'ils y ont ajoutés par leur travail, leur industrie, et les autres moyens légitimes d'acquérir. Mais il se peut que la personne dont la succession est ouverte ne laisse pas d'enfants; ses biens, dans ce cas, sont recueillis par ses parents dans des conditions déterminées. Nous allons essayer, par quelques exemples, de donner une idée des conditions de partage des successions quand la personne décédée n'a pas fait de testament.

Partage de la succession d'une personne morte *ab intestat* [1]. — Paul est mort à 65 ans; il avait eu trois enfants : Gabriel, Auguste et Marie. Cette dernière est morte, mais en laissant deux enfants : Louis et Thérèse. Il s'agit de faire le partage de la succession, qui vaut 24,000 francs.

On partagera cette somme de 24,000 francs en trois parties égales, que l'on attribuera à chacun des enfants de Paul comme s'ils vivaient tous les trois. Les 8,000 francs qui auraient été la part de Marie seront accordés à ses enfants, lesquels viennent à la succession en *représentation* de leur mère; chacun d'eux aura 4,000 francs.

Supposons que Paul n'eût pas laissé d'enfants ni de descendants, mais qu'il eût eu encore son père et sa mère seulement. Chacun de ces derniers aurait hérité de la moitié de son bien, soit 12,000 francs.

Supposons qu'il eût laissé son père, sa mère, et des frères et sœurs; le père et la mère auraient eu la moitié à se partager, et les frères et sœurs l'autre moitié.

Si le père ou la mère seulement survivait, le quart lui serait attribué, et les frères et sœurs auraient les trois quarts.

Au défaut de descendants ou d'ascendants, la succession passe aux *collatéraux* : frères, sœurs, oncles, cousins. S'il n'y avait pas de parents pour recueillir la succession, l'État se l'attribuerait.

Nous nous bornerons à ces indications, qui permettent de se faire une idée des principes qui ont procédé à la rédaction de cette partie du code civil. Nous ne songeons pas à traiter la question à fond, nous bornant à recommander aux intéressés de s'adresser aux hommes d'affaires : notaires, juges de paix, etc., lorsqu'ils veulent être bien renseignés sur la

---

[1] Sans faire de testament.

nature et l'étendue de leurs droits. C'est le moyen d'éviter des querelles, toujours dommageables, et qui empruntent aux circonstances d'où elles naissent quelque chose de particulièrement odieux.

Partage forcé. — Tout héritier peut exiger la vente des biens d'une succession à laquelle il a quelque droit. C'est ce qu'on appelle le *partage forcé*. S'il y a des mineurs, la vente ne peut être effectuée qu'après ordonnance de justice. Il en résulte parfois des conséquences bien étranges.

Prenons un exemple : Un bien d'une valeur de 900 francs fut ainsi vendu. L'adjudication ne produisit que 725 francs, les ventes forcées étant généralement peu productives. Il fallut payer :

Frais prélevés par le *fisc* et autres occasionnés par la vente............	643 78
Frais de maladie du père et de deuil...	42 »»
Droits de mutation.............	8 85
Total.......	694 63

Il restait aux héritiers 30 francs, sur un bien de 900 francs [1].

Des testaments. — Toute personne majeure peut disposer de ses biens par *testament* [2], si elle ne laisse pas de descendants. Le mineur âgé de 16 ans peut disposer de la moitié de ce qui lui appartient.

Ceux qui laissent des descendants ne peuvent disposer que de la moitié de leurs biens, quand il n'y a qu'un enfant; du tiers quand il y en a deux, et du quart quand il y en a trois ou plus. Cette portion dont les parents ont la libre disposition s'appelle la *quotité disponible* [3].

Le législateur, en laissant une *quotité disponible*, montre assez qu'il ne reconnaît pas aux enfants le droit absolu au partage égal des biens de leurs parents. Et, en effet, supposé que Pierre ait trois enfants : Louis, Jeanne et Alexandre. En mourant, Pierre laisse une fortune de 50,000 fr.; mais il a disposé de la quotité disponible en faveur de Louis, auquel, par testament, il a donné 12,500 francs. Il restera 37,500 fr à partager entre trois, et chacun aura 12,500 fr.; de sorte que Louis, qui a déjà bénéficié du testament, aura reçu en réalité 25,000 fr., ou la moitié de l'héritage paternel, ce

---

[1] Le Play, *Réforme sociale*.
[2] *Testament*, du latin *testamentum*.
[3] Voir page 14.

que la loi reconnaît parfaitement légitime. Il n'y a là aucune injustice, car les parents, quelque riches qu'ils soient, ne doivent pas à leurs enfants la fortune, mais seulement l'éducation et des moyens d'existence[1], suivant leur condition. Le législateur peut donc, s'il reconnaît que les intérêts de la société ou de la famille l'exigent, laisser aux parents une plus grande latitude pour la disposition de leurs biens par testament.

Le testament peut être *olographe*, écrit de la main du testateur, ou *public*, c'est-à-dire écrit par un notaire, assisté de quatre témoins, ou par deux notaires assistés de deux témoins.

Droit d'aînesse. — Le droit de tester ne ressemble en rien au droit d'aînesse. Le premier est exercé par les parents et en faveur de telle personne de leur choix; le second était établi en faveur du fils aîné des familles nobles.

Dans presque tous les pays : en Égypte, en Judée, en Grèce, en Germanie, l'aîné avait quelque privilège dans le partage de la succession des parents. Il ne semble pas que cet usage ait été établi parmi les Francs, car nous voyons que même le royaume était partagé, à la mort du souverain, entre ses fils, au lieu de passer à l'aîné, comme cela eut lieu ensuite. La France a été ainsi morcelée à diverses reprises sous les rois de la première et de la deuxième race. Mais, à la mort de Hugues Capet (1031), son fils aîné, qu'il avait fait sacrer de son vivant, monta seul sur le trône, et concéda comme *apanage*[2] à son frère Robert le duché de Bourgogne ; ainsi Robert était *duc* et non *roi*, *vassal* et non *souverain*.

Quand le régime féodal se développa, chaque vassal, obligé de payer à son suzerain des redevances et de lui fournir des troupes pour sa défense, devait avoir des revenus qui lui permissent de remplir ces obligations. C'est pourquoi le suzerain exigea que le domaine principal fût toujours dévolu à l'aîné ou chef de la famille. On le voit, le droit d'aînesse avait sa raison d'être dans les charges féodales qui pesaient sur les vassaux.

L'aîné, outre ce domaine principal, avait droit aux deux tiers des autres biens de la famille, s'il n'y avait que deux

---

[1] Voir page 18.
[2] *Apanage*, du latin *apanare*, donner du pain. Le terme même employé dès lors justifie ce que nous disons plus haut : on doit aux enfants des *moyens d'existence* selon la condition où l'on se trouve. Le roi, en donnant cet apanage, ne prétendait pas faire autre chose.

enfants, et à la moitié, s'il y en avait un plus grand nombre. Les cadets, réduits à une situation très modeste, étaient dans la nécessité de se créer des revenus en occupant des charges dans l'armée, dans la magistrature, dans l'église; de la sorte, ils étaient stimulés au travail.

Il faut reconnaître que le droit d'aînesse ne s'appliquait, sauf exception, qu'à la noblesse. Quand la noblesse a cessé de supporter les principales charges de l'État, le droit d'aînesse n'avait plus les mêmes raisons d'être. Aussi a-t-il été aboli sans difficulté dans la nuit du 4 août 1789. On se tromperait pourtant si l'on croyait que le peuple a retiré de cette abolition quelque avantage, puisque cette coutume ne le concernait pas. Le 15 août 1806, Napoléon, en créant une nouvelle noblesse, exigea la formation d'un *majorat* ou domaine privilégié, qui serait attribué à l'aîné des familles nobles, afin de soutenir l'éclat de leur dignité. La loi du 19 décembre 1831, en abolissant l'hérédité de la pairie, a détruit le droit d'aînesse, et, en 1835, le dernier coup fut porté *aux majorats* encore existants. L'hérédité et le droit d'aînesse n'étaient maintenus que pour la succession au trône.

Résumé.

1° On appelle *propriété* tout ce qui peut être possédé en propre;

2° On distingue les *biens meubles* et les *biens immeubles*;

3° Le droit de propriété est universellement reconnu. Si personne ne possédait rien en propre, si tout était à tout le monde, nul ne voudrait travailler; la société s'en irait vite en dissolution;

4° On acquiert la propriété par *héritage*, par le *travail*, par *achat*, par l'*acceptation d'une donation*, et, pour les choses qui n'appartiennent à personne, comme les animaux sauvages, par la simple *prise de possession;*

5° Les enfants héritent de leurs parents. Si une personne meurt sans enfants, ses parents, ses frères et sœurs, et, à leur défaut, ses oncles, ses cousins, recueillent son héritage;

6° Une personne peut disposer de ses biens par testament. Toutefois ce droit est limité pour ceux qui laissent des enfants;

7° Autrefois, dans les familles nobles, l'aîné, qui avait à supporter des charges considérables, avait une part bien plus grande que ses frères dans l'héritage paternel.

IV. — LES CONTRATS

Diverses sortes de contrats. — Par *contrat*, on entend une convention entre plusieurs personnes, dont les unes s'engagent envers les autres à faire ou à ne pas faire telle chose déterminée.

On distingue : 1º le *contrat synallagmatique* ou *bilatéral*, par lequel les deux parties s'engagent réciproquement. Ainsi la vente d'un bien est un contrat synallagmatique ; l'un s'engage à livrer le bien qu'il a vendu, l'autre s'oblige à lui en payer la valeur ;

2º Le *contrat unilatéral*, par lequel un seul s'engage. Par exemple, Paul s'oblige à donner, dans six mois, la somme de 1,000 fr. à Pierre, qui, de son côté, ne s'engage à rien envers son bienfaiteur ;

3º Le *contrat aléatoire* (de *alea*, sort, destin), où l'on court le risque de perdre ou la chance de gagner : prendre un billet de loterie, faire un contrat d'assurance. Dans ce dernier exemple, s'il ne survient pas de sinistre, l'assuré perd les primes qu'il a versées ; s'il en survient, la compagnie perd beaucoup plus qu'elle n'a retiré des primes.

Nous examinerons les principaux contrats à un autre point de vue, en les désignant sous leur dénomination commune : Contrat de *vente*, d'*échange*, de *louage*.

Contrat de vente. — La *vente* est un contrat par lequel l'un s'engage à livrer un objet, l'autre à le payer en monnaie courante.

On ne peut vendre que les choses dont on est vraiment le propriétaire. Le vendeur est tenu de garantir à l'acheteur la possession paisible du bien qu'il lui a cédé.

La vente est parfaite à partir du moment où l'on est convenu du prix, quand même l'objet vendu ne serait pas livré. Si l'acheteur a donné des arrhes, l'un et l'autre peuvent se dédire : l'acheteur en abandonnant ses arrhes, et le vendeur en rendant le double.

La promesse de vente vaut vente.

On distingue la *vente à l'amiable*, qui est l'objet d'une simple entente entre les parties ; la *vente judiciaire*, qui se fait par autorité de justice, soit après *saisie et expropriation pour cause de dettes*, soit quand il s'agit de biens appartenant à des mineurs ou autres *incapables*.

Contrat de louage. — Le louage est un contrat par lequel une personne s'engage à faire jouir une autre personne de son travail ou d'un bien, moyennant une rétribution déterminée.

On distingue le *louage des choses* : terres, prairies, vignes, maisons, animaux, et le *louage des services*.

Louage des choses. — Le *louage des choses* comprend le *bail à loyer*, s'il s'agit de maisons ou de meubles ; le *bail à* *ferme*, s'il s'agit d'une propriété rurale d'exploitation; le *bail à cheptel*, s'il s'agit d'animaux dont le produit doit être partagé entre le locataire et le propriétaire.

Louage des services. — Le *louage des services* s'entend: 1° du contrat par lequel les ouvriers, les serviteurs et domestiques s'engagent à travailler ou à servir à des conditions déterminées; 2° de celui par lequel les voituriers, les compagnies de chemins de fer ou de navigation s'engagent à faire le service de transport des personnes et des marchandises; 3° de celui des entrepreneurs, qui s'engagent à effectuer des travaux à des conditions convenues.

Contrats d'échange. — Dans l'*échange*, on donne un bien pour en avoir un autre. Ce contrat ne diffère du contrat de vente qu'en ce que, dans ce dernier, on donne de l'argent pour prix d'un objet, tandis que, dans l'échange, le prix de chaque objet livré, c'est l'objet reçu en retour. L'échange a été la première forme de la vente. Avant l'invention de la monnaie, on ne pouvait se procurer autrement les objets dont on avait besoin.

Obligation d'exécuter les contrats. — Tous les contrats importants se font par écrit, afin que les conditions stipulées ne puissent être oubliées, et que les tribunaux, en cas de contestation, puissent se prononcer. Mais ce n'est pas de leur forme *verbale* ou *écrite* que les contrats tirent leur force: ils la tirent de la *justice*, qui impose l'obligation d'exécuter loyalement les conventions que l'on a consenties. Et quand même les tribunaux seraient, dans certains cas, impuissants à procurer l'exécution d'un contrat, un homme consciencieux sait demeurer fidèle à sa parole et à l'équité.

Donation. — La *donation* est un contrat à titre gratuit, par lequel une personne abandonne à un tiers une partie de ses biens sans rien exiger en retour, mais en imposant quelquefois une obligation à remplir si l'on accepte la donation. On distingue la *donation testamentaire*, dont il a été parlé plus haut, et la *donation entre vifs*. Cette dernière est parfaite par l'acceptation du *donataire*. Si cette acceptation n'avait pas eu lieu du vivant du *donateur*, la donation serait *caduque* et ne produirait pas ses effets.

Résumé.

1° Un *contrat* est une convention entre plusieurs personnes qui s'engagent les unes envers les autres;

2° On appelle *contrat synallagmatique* ou *bilatéral* celui dans lequel les deux parties prennent des engagements réciproques : la vente, l'échange, etc., sont des contrats synallagmatiques;

3° On appelle *contrat unilatéral* celui dans lequel une seule personne s'engage : la donation est un *contrat unilatéral;*

4° Le *contrat aléatoire* est celui où l'on court le hasard d'un gain ou d'une perte : les assurances, les loteries, etc.;

5° La *vente* est un contrat par lequel on s'engage à livrer un objet contre de l'argent;

6° Le *louage* est un contrat par lequel, moyennant une rétribution, on fait jouir une personne d'un *bien* ou d'un *service;*

7° L'*échange* est un contrat par lequel on donne un *bien* en échange d'un autre *bien;*

8° La *donation* est un contrat à titre gratuit. On distingue la *donation testamentaire* et la *donation entre vifs.* Celle-ci doit être acceptée par le donataire du vivant du donateur, à peine de nullité.

ENTRETIEN PRÉPARATOIRE A L'ÉTUDE DE L'ÉCONOMIE POLITIQUE

I. — PRÉLIMINAIRES

Ce que l'on entend par économie politique. — L'économie politique n'a pas pour objet d'enseigner comment l'État peut épargner les deniers publics, mais comment, par une bonne administration générale, il parvient à favoriser le développement de la richesse nationale, donner de l'essor aux entreprises productives, augmenter, en un mot, les ressources du pays, ou lui en faire tirer le plus grand profit possible.

On comprend que, pour obtenir ce résultat, il ne faut pas toujours éviter les dépenses, même celles qui ne s'imposent pas comme un besoin dans le présent. On peut, en dépensant à propos, ouvrir au travail, à l'industrie, au commerce, de nouvelles voies, qui, en les faisant prospérer, ramèneront plus tard au trésor les sommes dépensées et même des sommes plus fortes.

Les éléments de la richesse des nations sont les mêmes que ceux de la richesse des particuliers. C'est la matière première et le travail.

Matière première. — La matière dans le sens que nous lui attribuons ici, c'est tout ce qui est fourni par l'un des trois règnes de la nature avant tout travail de l'homme. Ainsi les richesses minérales, les productions végétales, les races d'animaux, sont des richesses mises par Dieu à la portée de l'homme; elles diffèrent d'une région à l'autre: les unes varient avec les climats, les autres sont produites ou modifiées par des causes très diverses, qu'il serait peu utile d'indiquer ici. On donne le nom de *matières premières* à ces produits que met en valeur l'industrie de l'homme[1].

Le travail. — Le travail est nécessaire pour adapter toutes ces ressources à nos besoins. Dieu a mis à notre disposition libéralement tout ce qui nous est nécessaire; mais il a voulu que, par nos sueurs, nous fissions la conquête de ces biens dont nos premiers parents, dans l'état d'innocence, jouissaient sans fatigue. Ce n'est pas, on le sait, le travail, mais la peine attachée au travail qui est imposée à l'homme comme châtiment de son péché. Si bien que l'homme sage et laborieux a tout à la fois la satisfaction d'obéir à un besoin et d'augmenter sa valeur morale, puisque les fatigues de son corps, acceptées avec soumission à la volonté divine, purifient son âme.

Mais pour s'encourager davantage encore au travail, il lui suffit de songer que le Fils de Dieu a daigné lui-même s'occuper à des travaux manuels pendant les trente premières années de sa vie. Les apôtres, les solitaires, la plupart des saints que l'Église a canonisés, se sont livrés aux labeurs les plus pénibles et ont honoré le travail, tout en procurant à la société les avantages qui en découlent. De sorte que le travail, loin de déroger à la dignité humaine, honore l'homme, et lui fournit le moyen de grandir en valeur morale, tout en acquérant des biens de l'ordre matériel.

C'est surtout sous ce dernier point de vue que nous avons à l'envisager ici.

La richesse naît du travail.

En effet, vous ne trouvez nulle part, ni au coin des routes, ni sur les arbres des champs, des vêtements tout faits. Le fil et la laine qui servent à les tisser et à les coudre demandent à être

---

[1] Ainsi pour le métallurgiste, la matière première, c'est le minerai; pour le fabricant de drap, c'est la laine; pour le tanneur, ce sont les peaux, etc.

enlevés de la plante du chanvre ou tondus sur le dos de la brebis. Le blé que la terre nourrit et que le soleil dore a besoin qu'on lui prépare le creux du sillon, et la semence ne lèverait point sur un sol qu'on n'aurait pas pris la peine de travailler [1].

Mais chacun ne saurait confectionner lui-même tous les objets dont il a besoin. Les hommes se partagent le travail, suivant leurs moyens, leurs aptitudes et leurs intérêts, et il arrive que tous s'emploient au bien-être de chacun.

Un homme qui est habile dans l'art de faire des chaussures et qui passe sa vie à en remplir un magasin, trouve ainsi le moyen de se procurer, sans plus de souci, tout ce qui peut lui être nécessaire. Il vend des souliers et des bottes : avec le prix qu'il en retire, il achète des habits chez le tailleur, du pain chez le boulanger, une coiffure chez le chapelier. Il échange ainsi le produit de son travail, dans lequel il est passé maître, contre le produit du travail d'autrui.

Les nations échangent entre elles leurs richesses comme les particuliers leur fabrication. L'homme du Nord donne ses fourrures et reçoit les vins du Midi ; le nouveau monde nous envoie son café, son coton, ses bois précieux, et nous lui expédions en retour ces beaux meubles, ces tissus perfectionnés, ces objets de luxe dont l'achèvement et la délicatesse demandent toutes les ressources de la civilisation [2].

Consommation. — On le voit, le travail produit des objets, mais il faut qu'il trouve à les placer, il faut que la *production* soit en rapport avec les besoins de la *consommation* [3]. Si un pays produit plus qu'il ne consomme, et qu'il ne trouve pas le moyen d'exporter ses marchandises, bientôt son industrie est en souffrance. Les capitaux s'accumulent dans les magasins et les entrepôts, où ils demeurent improductifs. Non seulement ils ne sont, sous cette forme et dans cet état, la source d'aucune rémunération, mais ils perdent chaque jour de leur valeur, et cela peut suffire pour causer la ruine des chefs de l'industrie ainsi obérée.

Résumé.

1° *L'économie politique* est la science qui enseigne à faire un emploi utile des biens de la nation, et à favoriser le développement des industries et du commerce ;

---

[1] *Manuel d'économie politique*, par M. A. Rondelet. Nous nous sommes souvent inspiré de cet excellent ouvrage.

[2] *Id., ibid.*

[3] *Consommation*, en terme d'économie, s'applique à toutes les manières d'utiliser les produits. Ainsi on y parle de la *consommation des souliers*, comme de la *consommation des sucres*.

2° La *matière* et le *travail* sont les éléments de la richesse des nations comme de celle des individus;

3° Dans l'état d'innocence, l'homme devait travailler, mais le travail ne lui était pas pénible. C'est la peine attachée maintenant au travail, et non le travail lui-même, qui a été imposée comme châtiment du péché;

4° Jésus-Christ, en travaillant, a honoré et sanctifié le travail;

5° La richesse naît du travail. Les produits du travail sont échangés contre d'autres objets, et chacun se procure ainsi toutes les choses nécessaires à la vie.

II. — ASSOCIATIONS OUVRIÈRES

Faiblesse de l'homme isolé. Secours qu'il reçoit de la société. — L'homme dépend de ses semblables pour une multitude de choses qui lui sont indispensables. Qu'on examine seulement les objets qui lui servent tous les jours, et l'on verra qu'il les tient presque tous de la société. Ordinairement nous ne faisons pas nous-mêmes nos vêtements : le pain dont nous vivons, le vin qui nous fortifie, la viande qui nous soutient, la maison que nous habitons, les meubles dont nous nous servons; tout cela nous le demandons à la société. Pour bien comprendre le besoin que nous avons d'autrui, nous n'avons qu'à nous supposer tout d'un coup jeté, nouveau Robinson Crusoé, seul dans une île déserte, et obligé de pourvoir par nous-mêmes à tous nos besoins.

Cette dépendance dans laquelle nous sommes à l'égard de la société a toujours porté les hommes, les pauvres et les faibles surtout, à se rapprocher, à s'entr'aider, à mettre en commun leurs efforts. De là sont nées les associations, et notamment les associations ouvrières.

Les anciennes corporations. — Avant la révolution, l'industrie était soumise au régime des corporations, qui, après avoir rendu de grands services à la classe ouvrière, finissaient néanmoins par gêner considérablement les progrès de l'industrie. Une corporation comprenait tous les individus qui, dans une localité, exerçaient la même profession. Il y avait la corporation des bouchers, celles des bonnetiers, des chapeliers, des orfèvres, etc.

Chaque corporation était gouvernée par une *jurande* ou *maîtrise*. Quand on voulait faire partie d'une corporation, il fallait être apprenti plus ou moins de temps; parfois l'apprentissage durait dix à douze ans; on devenait ensuite compagnon, travaillant pour le compte d'un *maître*. Enfin on faisait son *chef-d'œuvre*, que l'on présentait aux *jurés* ou *maîtres* pour être admis à la *jurande*. On payait la bienvenue, la taxe spéciale, et l'on passait *maître*. Alors on avait le droit d'exercer une industrie déterminée dans une ville également déterminée.

Le gouvernement gênait encore autrement la liberté du travail en fixant, par exemple, la largeur des étoffes, leur couleur, la matière première à employer, etc. Ainsi le chapelier qui aurait mêlé de la soie au castor eût été mis à l'amende.

Turgot proposa l'abolition des corporations à Louis XVI, qui publia dans ce but un édit en 1776. On lit dans le préambule de cet édit :

Nous devons à tous nos sujets la jouissance pleine et entière de leurs droits; nous devons surtout cette protection à cette classe d'hommes qui, n'ayant de propriété que leur travail et leur industrie, ont d'autant plus le besoin et le droit d'employer dans toute leur étendue les seules ressources qu'ils aient pour subsister.

Nous avons vu avec peine les atteintes multipliées qu'ont données à ce droit naturel et commun des institutions, anciennes à la vérité, mais que ni le temps, ni l'opinion, ni les actes même émanés de l'autorité qui semble les avoir consacrés, n'ont pu légitimer.

Dieu, en donnant à l'homme des besoins, en lui rendant nécessaire la ressource du travail, a fait du droit de travailler la propriété de tout homme, et cette propriété est la première, la plus sacrée et la plus imprescriptible de toutes.

Nous regardons comme un des premiers devoirs de notre justice et comme un des actes les plus dignes de notre bienfaisance d'affranchir nos sujets de toutes les atteintes portées à ce droit inaliénable de l'humanité. Nous voulons, en conséquence, abroger ces institutions arbitraires.

L'édit de 1776 rencontra une vive opposition, et il ne fut suivi que de peu d'effet. Il était réservé à l'Assemblée constituante d'achever l'œuvre de Louis XVI par le décret du 2 mars 1791, qui consomma la ruine des jurandes. Comme dans presque toutes leurs autres entreprises, les hommes de la révolution dépassèrent le but qu'il fallait atteindre; l'assemblée prohiba toutes les associations ouvrières. On est revenu à des idées plus saines, et diverses lois ont permis aux ouvriers de mettre en commun leur intelligence, leur habileté et leurs épargnes. En s'associant, ils peuvent entreprendre ce que, isolés, ils seraient condamnés à délaisser; mais il faudrait apporter à l'organisation de ces associations une sagesse qui fait trop souvent défaut, de sorte qu'elles tournent parfois contre les intérêts de leurs membres et contre ceux de la société tout entière.

Avantages de l'association. — Que deux ouvriers réunissent leurs économies, ils pourront acheter une machine qu'aucun des deux n'aurait pu se procurer; supposons qu'ils veuillent faire marcher un certain nombre de métiers avec cette seule machine, ils y réussiront. Ainsi ils augmenteront les bénéfices et ils diminueront les dépenses, grâce à leur association. Ils feront à deux ce qu'ils n'auraient jamais pu entreprendre s'ils étaient restés isolés.

Parfois les ouvriers abusent de la solidarité qui existe entre eux, et ce n'est jamais à leur avantage. Lorsqu'on leur refuse une augmentation de salaire, ils se mettent en grève, c'est-à-dire qu'ils refusent de travailler. C'est leur droit; mais où ils le dépassent, c'est en empêchant de se rendre au travail leurs camarades qui n'ont pas les mêmes idées, ou qui ne peuvent se passer du salaire de la journée. Qu'arrive-t-il souvent? Ils perdent leurs journées, puis ils sont remplacés dans les usines, et réduits à chercher de l'ouvrage ailleurs, après avoir langui et souffert physiquement et moralement. Les moyens violents ne sont presque jamais légitimes et ils ne réussissent guère. Et si l'on veut s'édifier parfaitement sur ce point, il suffit d'examiner au point de vue du bien-être la situation de ceux qui se font les meneurs des grèves. Généralement ils ne sont ni les plus capables, ni les plus honnêtes, ni les plus rangés, ni les plus à l'aise. Ils peuvent faire quelque figure dans un congrès socialiste d'ouvriers, mais, pour la plupart, ils ont une réputation et une existence peu dignes d'envie.

Résumé.

1º L'homme isolé serait privé de beaucoup de choses. La société les lui procure;

2º Avant la révolution, les ouvriers étaient groupés en corporations. A la tête de chaque corporation se trouvaient les *maîtres* ou *jurés;*

3º Ceux qui voulaient arriver à la maîtrise étaient d'abord *apprentis,* puis *compagnons;* ensuite ils faisaient leur *chef-d'œuvre,* pièce de travail d'après laquelle les *maîtres* jugeaient de leur capacité;

4º Des règlements fort gênants étaient imposés aux différents métiers; ils prescrivaient la matière, la forme, la couleur, etc., des objets à fabriquer;

5º En 1776, le roi Louis XVI fit un édit pour donner plus de liberté à l'industrie et au travail; le 2 mars 1791, les *maîtrises* furent abolies et l'on défendit aux ouvriers de former des corporations ou des associations;

6º Actuellement, les ouvriers peuvent s'associer, et ainsi, malgré la modicité de leurs ressources individuelles, devenir patrons en mettant en commun leurs modestes épargnes;

7° Les grèves qu'organisent parfois les ouvriers leur sont presque toujours funestes. Ils seraient plus sages s'ils cherchaient, par d'autres moyens, à augmenter leur salaire et à améliorer leur condition.

III. — CONSÉQUENCE DE L'ASSOCIATION

Produits meilleurs et moins chers par la division du travail. — Diviser le travail, c'est ne donner à chaque ouvrier qu'une opération à faire. Il y a des ouvriers pour cultiver la terre, d'autres pour moudre le blé, et d'autres encore pour transformer la farine en pâte et faire cuire le pain. Chacune de ces opérations est faite par un ouvrier différent, qui acquiert beaucoup d'habileté dans sa spécialité. Il en est ainsi dans toutes les industries.

J'ai vu, dit Adam Smith [1], une petite manufacture qui employait dix ouvriers seulement. Ils faisaient entre eux au delà de 48 milliers d'épingles dans une journée. A ce compte, chaque ouvrier peut être considéré comme faisant 4800 épingles par jour; mais s'ils avaient travaillé à part et indépendamment les uns des autres, chacun d'eux assurément n'eût pas fait 20 épingles.

Ainsi, en se réunissant ou s'associant, ils se divisent la besogne, gagnent davantage et peuvent livrer à meilleur compte les produits de leur industrie, produits d'ailleurs préférables à ceux que l'on obtiendrait par le travail isolé.

Diminution de la fatigue par l'emploi des machines. — On avait craint que l'emploi des machines ne fît tort aux ouvriers en diminuant les travaux qu'ils auraient à faire ; la vérité est que les ouvriers n'ont jamais si peu manqué d'ouvrage que depuis la multiplication des machines; ce qui a été diminué, c'est uniquement leur fatigue, et l'on conviendra que c'est un très grand bien.

En 1769, l'Angleterre employait à la fabrication des étoffes 7,900 personnes; on inventa la filature mécanique, et en 1787 elle en employait 352,000; en 1833, 487,000. Or, afin de mettre ces personnes en mesure de travailler, il avait fallu employer tous les corps de métiers pour construire des bâtiments et des métiers; une armée d'employés de commerce achetaient les matières premières, transportaient et vendaient les étoffes. Comment faire le compte des per-

---

[1] Adam Smith, économiste écossais (1725-1790). Il publia en 1776 son grand ouvrage : *Recherches sur la nature et les causes de la richesse des nations*.

sonnes auxquelles les machines à filer ont donné de l'occupation, sans parler des avantages que le public en a retirés, puisqu'il a pu se procurer à plus bas prix des vêtements plus beaux et meilleurs? Nous n'avons cité qu'un exemple; on pourrait les multiplier à l'infini.

Une des formes les plus fécondes de l'association est celle que la loi a autorisée et réglementée sous le nom de *syndicats professionnels*, et qui permet de grouper ensemble tous les citoyens exerçant soit la même profession, soit des métiers similaires, soit des professions connexes tendant à la fabrication d'un produit déterminé. Tels sont, pour citer un exemple, l'ouvrier qui fabrique le boîtier d'une montre, celui qui en fait le mouvement, celui qui ajuste le mouvement dans la boîte, etc. etc. Les syndicats qui peuvent comprendre des ouvriers et des patrons, fonder des caisses de retraite ou des sociétés de secours mutuels, délibérer sur tous les intérêts de la profession et en prendre la défense, offrent des avantages très sensibles à tous les travailleurs dans le commerce, dans l'industrie ou dans l'agriculture. (Loi du 21 mars 1884.)

Résumé.

1° Quand les ouvriers s'associent ou se goupent, ils se divisent le travail : chacun s'occupe d'une opération particulière, devient plus habile dans sa spécialité et économise le temps;

2° Les machines qui sont bien plus employées qu'autrefois diminuent les fatigues des ouvriers;

3° Elles augmentent la production;

4° Elles n'exposent pas l'ouvrier à manquer de travail comme quelques-uns l'ont prétendu.

5° Une des formes les plus fécondes de l'association est celle des *syndicats professionnels* que la loi de 1884 a autorisés.

IV. — L'ÉPARGNE ET LE CAPITAL

L'épargne. — Si tel homme qui fait des souliers et les vend pour acheter du pain, des vêtements, etc., consomme ainsi tout le produit de son travail, il ne fait aucune épargne; s'il ne dépense qu'une partie de l'argent qu'il tire de son industrie, il *épargne* la différence entre sa recette et sa dépense.

Faut-il chercher à épargner? Quelques considérations très simples vont nous aider à répondre.

La jeunesse est capable de supporter bien des privations sans fléchir, et presque sans s'en apercevoir. Elle se sent pleine d'un courage à toute épreuve et d'une inépuisable vigueur. A mesure que l'âge marche vers son déclin et que le corps se sent atteint par les premières infirmités de la vieillesse, les besoins deviennent plus pressants en même temps que les forces languissent, jusqu'au moment où la maladie et la décrépitude demandent à consommer sans produire [1].

Que deviendra alors l'infortuné qui n'aura rien épargné ?

L'homme qui, jeune, énergique, vigoureux, dépense tout ce qu'il gagne, ne dépense pas, comme il peut se l'imaginer, le fruit de son labeur quotidien, mais il dévore sa propre substance. Si vous voulez me permettre l'expression, *il se consomme* lui-même.

Le rôle de l'homme ne se borne donc point à fournir au corps sa ration de chaque jour, son devoir est de regarder tout à la fois plus haut et plus loin. — Son travail doit avoir pour but, non pas la satisfaction de ses besoins dans la mesure et au moment où ils se produisent, mais la constitution d'un *capital* qui lui permette de vivre et de se suffire à lui-même, en santé et en maladie, dans la jeunesse et lorsque l'âge l'aura mis dans l'impossibilité de travailler [2].

Donc l'homme sage fait deux parts de ses bénéfices : il emploie l'une à la satisfaction de ses besoins dans le présent, et l'autre à se constituer des ressources pour l'avenir.

Le capital. — Ces ressources, *épargnées* sur le présent pour l'avenir, constituent ce que nous avons appelé le *capital*. Ce mot ici prend une extension plus large que celle qu'on lui donne habituellement. Il s'applique non seulement à l'argent, mais à toute propriété qui peut donner des produits ou des bénéfices : les biens-fonds, les provisions, les outils et les machines, la matière première que l'on tient à sa disposition, etc. [3].

Une nation n'est pas riche en raison de la quantité des produits qu'elle réunit, mais en raison de la perfection des moyens de production qu'elle s'assure.

On demeure confondu lorsqu'on réfléchit à l'énorme mise de fonds que demande la fabrication la plus simple, et aux épargnes que la société a dû faire avant d'en venir au point où nous la voyons.

Ce n'est pas peu de chose que d'avoir à sortir de sa poche plusieurs centaines de mille francs pour élever des monuments grands comme des palais, pour enrégimenter et discipliner une armée d'ouvriers, avant de parvenir à fabriquer une feuille de papier à lettre dont le cahier se crie à deux sous dans la rue.

[1] A. Rondelet.
[2] A. Rondelet.
[3] On peut considérer comme un capital la puissance de travail de l'individu et son instruction. Aux États-Unis, où l'on donne un prix à tout, un jeune homme vigoureux et intelligent, à vingt ans, est estimé comme représentant un capital de 15 à 20 000 francs.

De même, avant qu'un voyageur monte dans un wagon de chemin de fer et dépose au guichet le prix de son billet, il faut, je pense, avoir mis dehors, en achat de terrains, en nivellement, en ponts et en tunnels, en voitures et en machines, une assez jolie somme.

Lorsqu'un navire à vapeur allume ses fourneaux pour la première fois et se dispose à faire un voyage d'essai, informez-vous dans les ports, auprès des constructeurs, de ce que peut coûter cette gigantesque machine à transporter les hommes et les colis.

Cette portion du capital consacrée à la circulation et à la création des objets utiles constitue, à vrai dire, la force vive d'une société. Elle n'est plus seulement destinée à la consommation, elle jouit du privilège de se reproduire; elle ressemble à la semence que le laboureur met de côté pour la confier à la terre. Cette épargne féconde suffit pour enfanter une nouvelle moisson.

Plus une société est riche en canaux, en routes, en chemins de fer, en moyens de transport de toute sorte, plus elle a de fabriques, d'usines, d'ateliers, plus elle est montée en outils coûteux et perfectionnés, plus aussi elle peut se dire en avance et au-dessus de ses affaires, plus elle se trouve en mesure de donner à bon marché ce que le consommateur réclame. Il n'est pas très difficile de gagner cent francs avec mille; il est beaucoup plus malaisé de gagner cent francs avec cent sous; et le comble du difficile est de parvenir à ramasser cinq francs sans en avoir le premier centime. Les commencements sont rudes pour les nations comme pour les individus; mais, pour elles aussi, il n'y a que le premier pas qui coûte. Une fois ces premiers obstacles franchis, l'homme voit reculer de toutes parts les limites du possible devant les instruments nouveaux dont la science arme son bras [1].

Résumé.

1º Épargner, c'est prélever sur ses recettes les ressources qui ne sont pas indispensables pour la consommation journalière;

2º Il faut épargner quand on est jeune et fort, afin de n'être pas dans la misère aux époques de chômage; ou quand viendront les infirmités ou la vieillesse.

3º Les ressources *épargnées* aident à former le *capital;*

4º Le *capital,* c'est toute propriété : les biens-fonds, les outils, les meubles, les machines, les matières premières, etc.;

5º Les grandes entreprises supposent d'immenses capitaux, fruits d'épargnes longuement et péniblement accumulées.

V. — MOYEN DE SE CRÉER UN CAPITAL, UNE PROPRIÉTÉ

La richesse vient de l'épargne. — Comme la richesse des nations est la conséquence de la richesse des individus,

[1] A. Rondelet.

l'intérêt d'une contrée est de favoriser le développement de la richesse des particuliers et d'écarter les dangers que lui ferait courir la misère ou le paupérisme.

C'est pourquoi on s'est presque partout ingénié à favoriser l'épargne de l'ouvrier, du pauvre, afin de l'aider à se créer une propriété, un capital, si modeste qu'il soit.

Certains grands industriels ont construit des maisons de simple apparence, mais salubres, gaies, proprettes, entourées d'un petit jardin, qu'ils vendent à un prix modéré à leurs ouvriers; et, afin de ne point les effrayer par la perspective d'une grosse somme à payer, ils prélèvent sur le salaire de chaque jour quelques centimes qui, accumulés pendant plusieurs années, constituent le prix convenu. Ce léger sacrifice journalier est à peine sensible pour l'ouvrier, et peu à peu il arrive à se trouver dans une maison qui est bien à lui, et qui paraît ne lui avoir rien coûté.

Sociétés coopératives de consommation. — Par une autre institution on obtient des effets analogues, tout en moralisant l'ouvrier. C'est l'établissement de magasins d'objets de consommation : boulangerie, épicerie, boucherie, etc., organisés par les soins des grands industriels, et dans lesquels on délivre au prix coûtant les marchandises aux ouvriers d'une usine. Chaque ouvrier subit sur son salaire une retenue égale à sa note de consommation. De cette manière, il n'est pas exposé à dépenser mal à propos l'argent qu'il doit employer à payer ce qu'il achète, et la somme qui lui est remise lors de la paye est tout à fait sienne : elle constitue son épargne.

Et afin d'encourager les ouvriers à réaliser des économies sur leur salaire de chaque jour, certaines compagnies et les caisses d'épargne acceptent les sommes, si petites qu'elles soient, qui sont disponibles entre ses mains, et lui en payent l'intérêt. On voit des ouvriers qui, en plaçant ainsi au fur et à mesure l'argent que d'autres dépensent pour se livrer à l'intempérance ou à quelque vice également dégradant, s'amassent des ressources importantes; ils sont à l'abri du besoin lorsque viennent les jours mauvais, et parfois même ils parviennent à se livrer à leur tour à quelque industrie ou à quelque commerce qui les fait jouir de l'aisance, sinon de la fortune.

[1] Les sociétés qui créent ces magasins prennent généralement le nom de *sociétés coopératives*.

Assurances sur la vie. — Quelques-uns, après s'être assuré des moyens d'existence suffisants, songent encore à préparer à leurs enfants un héritage d'une certaine importance.

Un homme dont les revenus sont peu considérables pourrait être tenté de ne rien mettre de côté, et de vivre au jour le jour. Mais ne voulant point qu'après lui ses enfants soient dans une trop grande gêne, il s'adresse à une compagnie d'*assurances sur la vie*. Il s'engage à verser à cette compagnie, chaque année, une somme déterminée, dont il ne retirera aucun intérêt. De son côté, la compagnie s'engage à payer aux héritiers de cet homme, quelle que soit l'époque de sa mort, une somme également déterminée [1].

On peut, de la même manière, assurer une rente annuelle à une personne que l'on veut favoriser [2] ou constituer un capital à un enfant lorsqu'il aura atteint sa vingt-cinquième année, par exemple, en versant chaque année, à partir de sa naissance, à une compagnie d'assurance une somme déterminée.

Toutes les mesures qui ont pour effet de favoriser l'épargne augmentent le bien-être des individus, la richesse des nations, et contribuent à éloigner les ouvriers des vices les plus dégradants et les plus funestes : la débauche et l'ivrognerie. Combien aussi s'en trouve augmentée la satisfaction intérieure, et surtout combien en sont accrues la paix et la joie dans les familles [3] !

---

[1] Pierre, âgé de 40 ans, veut assurer à ses héritiers un capital de 20 000 francs lorsqu'il mourra ; il lui suffit de verser chaque année à la compagnie d'assurance une somme de 774 francs. Les héritiers de Pierre toucheront le capital, quel que soit l'âge auquel il mourra.

[2] Pierre, âgé de 40 ans, veut assurer, à sa mort, une rente viagère ou un capital à Auguste, âgé de 30 ans. En versant chaque année 100 francs à une compagnie, Pierre assure pour le jour de sa mort à Auguste, ou bien la jouissance d'un capital de 3 448 fr. 30, ou une rente viagère de 279 fr. 35.

S'il voulait lui assurer un capital de 12 000 francs, ou une rente viagère de 1421 fr. 89, il devrait verser chaque année 350 fr. 90.

Voir, pour l'explication des calculs qui conduisent à ces résultats, l'*Algèbre*, par F. I. C., pages 275 et suivantes, et le *Manuel encyclopédique du commerce*, par Pigeonneau, Paris, Fouraut et fils.

[3] Nous ne devons pas oublier de mentionner ici, comme institutions de prévoyance éminemment sages, les caisses d'épargne scolaires, qui reçoivent et font produire les modestes épargnes recueillies sou par sou des enfants qui fréquentent les classes. Elles aident les enfants à contracter de bonne heure des habitudes d'économie. Nous en reparlerons plus loin, page 103.

Résumé.

1° Tout individu est intéressé à favoriser le développement de la richesse des particuliers et de la nation;

2° On doit favoriser l'épargne des ouvriers en créant des institutions propres à diminuer les dépenses, et à recueillir et faire fructifier les moindres sommes dont ils peuvent disposer;

3° Les *sociétés coopératives*, les *caisses d'épargne*, les *compagnies d'assurances sur la vie,* sont des institutions de ce genre;

4° Tout ce qui favorise l'épargne augmente le bien-être de l'ouvrier, et l'éloigne des occasions de vice et de débauche.

VI. — LA MISÈRE

Différence entre la pauvreté et la misère. — Ceux qui n'ont pas fait d'épargnes sont exposés à tomber dans la misère.

Il y a une différence entre la pauvreté et la misère. Celui qui est pauvre a besoin du travail de chaque jour pour subvenir à sa subsistance, à celle de sa famille; mais enfin il y pourvoit; tandis que celui qui est dans la misère est obligé de s'imposer à lui-même, et d'imposer aux siens, la privation d'une partie des choses nécessaires à la vie. La situation de l'individu dans la misère est assez semblable à celle d'une ville assiégée, dans laquelle les vivres menacent de faire défaut. On soumet la population à la ration. Quelquefois on arrive à ne plus lui donner guère que du pain de très mauvaise qualité, et en quantité minime. C'est la misère.

Quand la misère atteint d'une manière permanente, dans une ville ou dans une région, un grand nombre de familles, elle prend le nom de *paupérisme*, l'une des plaies les plus humiliantes qui puissent affliger le peuple au milieu même d'une civilisation avancée.

Il y a lieu de rechercher ici quelles sont les causes de la misère. On peut les ranger en trois grandes classes : les causes physiques, les causes morales et les causes sociales.

Causes physiques de la misère. — *Les causes physiques de la misère* sont les infirmités, la maladie, l'impuissance provenant de l'âge ou des accidents. Le pauvre qui est frappé dans ses membres, sa santé ou ses forces, ne pouvant plus gagner sa vie, tombe dans la misère s'il n'est secouru. Les civilisations païennes de l'antiquité et de Rome n'avaient pas découvert d'autre remède que de condamner à périr les pauvres petites créatures qui naissaient difformes ou malingres. Les esclaves infirmes étaient privés d'une partie du nécessaire et périssaient ainsi faute d'alimentation. Il existe encore des peuplades sauvages parmi lesquelles les parents devenus vieux et infirmes sont tués par leurs enfants.

Le christianisme en pénétrant les mœurs des peuples en a banni ces coutumes barbares; il a partout multiplié les fondations et les asiles où sont recueillis les malheureux. C'est un devoir pour les individus et pour les nations de soutenir ces œuvres inspirées par le sentiment le plus pur de la charité; mais c'est un devoir bien plus étroit et plus doux pour les membres d'une famille de partager avec ceux d'entre eux qui sont visités par l'épreuve les ressources que la Providence les met à même de se procurer.

Causes morales de la misère. — *Les causes de la misère tirées de l'ordre moral* sont celles qui ont leur origine dans les passions. Une personne est orgueilleuse, et elle dépense en un luxe insensé les sommes qu'elle devrait employer au soutien de sa famille. Celui-ci est intempérant; il va au cabaret dépenser follement une partie de son salaire, tout en perdant la journée employée à ces excès, et d'autres journées pour se remettre de l'indisposition qui est la conséquence de cette mauvaise conduite. Pendant ce temps, sa famille est dans le besoin.

Un autre se livre à la débauche, au jeu, gaspille, en un mot, des sommes dont il devrait se servir pour payer ses fournisseurs, qui bientôt refusent de lui faire crédit. Comme il n'a pas d'argent pour payer comptant, il faut s'imposer des privations. Le remède à ce mal n'est pas dans l'aumône seule; il est surtout dans le frein que la conscience religieuse peut imposer aux passions. Aussi la société et l'État ont-ils le plus grand intérêt à ce que tous les citoyens soient élevés dans la pratique de la loi divine et le respect de la religion. Un grand nombre, parmi les ouvriers plongés dans la misère, sont en même temps des hommes vicieux et blasphémateurs. Ils sont doublement dignes de commisération, étant à la fois malheureux et coupables.

Résumé.

1° La misère est l'état d'une personne qui ne peut se procurer les choses nécessaires à la vie. Elle diffère de la pauvreté, qui suppose que l'on a le nécessaire, mais sans pouvoir rien épargner;

2° Lorsque la misère atteint un grand nombre de personnes dans une région, elle constitue le paupérisme ;
3° Les causes physiques de la misère sont les infirmités, la maladie. Les païens n'avaient qu'un remède contre les maux : la mort. Le christianisme a développé le sentiment de la charité, qui porte à secourir les malheureux ;
4° Les causes morales de la misère sont celles qui tirent leur origine des passions.

VII. — LA MISÈRE (suite).

Causes sociales de la misère. — *Les causes sociales de la misère* sont celles qui tiennent à l'organisation de la société ; elles se résument dans les deux suivantes : l'excès des charges, et l'insuffisance des ressources.

Les charges sont les dépenses nécessaires pour la nourriture, le logement, le vêtement des membres de la famille, le payement des contributions et autres dépenses imposées par les pouvoirs publics. Certaines législations accordent des privilèges aux familles nombreuses. Tant que les enfants sont jeunes, ils coûtent au père de famille et ne lui sont d'aucun secours ; peu à peu ils lui viennent en aide, et plus tard, lorsque est venue pour lui l'heure du repos, plus ils sont nombreux, plus il leur est facile de subvenir à ses besoins. Plus le gouvernement se montre favorable aux familles nombreuses, mieux il sert les intérêts de la nation au point de vue moral et matériel.

Quant à l'insuffisance des ressources, elle peut provenir de l'abaissement des salaires, d'un accident, d'une perte que l'on aura éprouvée, de la difficulté de trouver de l'ouvrage, ou encore de ce que l'on ne sait pas régler sa maison d'après les principes d'une exacte économie.

Comment un ouvrier peut échapper à la misère. — Combien de gens se plaignent de ce que les salaires sont trop peu élevés ou les impôts trop lourds, et qui perdent volontairement, non seulement sans profit pour leur santé, mais à son grand dommage, des journées employées à s'enivrer, ou à se livrer à quelque entreprise plus ou moins violente, telles que sont les grèves, les réunions publiques où trop souvent l'on ne sait pas garder la mesure et le respect des droits d'autrui. D'autres se créent des besoins factices.

Voulez-vous augmenter votre salaire, peut-on dire à ces ouvriers, commencez par ne perdre aucune journée. Voulez-vous diminuer vos impôts, fumez moins, ou ne fumez pas du tout, renoncez à l'eau-de-vie et à tout excès de la boisson. Alors vous pourrez de temps en temps, le dimanche, après avoir rempli vos devoirs de chrétiens, vous égayer en famille, et prendre avec les vôtres un repas plus confortable qui vous fera d'autant plus de bien que vous le partagerez avec ceux que vous aimez.

Comment on peut soulager les pauvres. — On ne peut espérer voir disparaître la pauvreté; Jésus-Christ l'a dit : « Vous aurez toujours des pauvres parmi vous; » mais on peut la diminuer et la soulager.

Beaucoup d'institutions ont été établies dans ce but. Nommons les bureaux de bienfaisance, l'assistance publique[1], les hôpitaux et les hospices, les sociétés de secours mutuels[2], les sociétés de Saint-Vincent-de-Paul, l'œuvre admirable des Petites Sœurs des pauvres, etc. etc.

Tous ceux qui se consacrent au soulagement de la misère ont droit à la reconnaissance publique, soit qu'ils y dévouent leurs personnes, soit qu'ils y emploient les dons de leur générosité. Mais ils sont surtout dignes de toute gratitude ceux qui, en offrant un remède aux misères physiques, savent verser le baume de la consolation dans les âmes, tout en éclairant et en purifiant les consciences. Il n'y a pas de mission plus belle et plus méritoire que de donner à Dieu des cœurs qui s'étaient abandonnés au vice et s'étaient aigris contre la société où ils se trouvaient trop malheureux.

Qu'on se souvienne de la bonté de Jésus-Christ pour les malheureux et de la touchante parabole du Samaritain. On ne s'étonnera pas que le christianisme ait pu toujours enfanter des dévouements capables de lutter contre toutes les formes

---

[1] *Assistance publique*, ensemble des services organisés pour secourir l'indigence.

[2] Les *sociétés de secours mutuels* sont des associations de bienfaisance. Elles comprennent ordinairement deux sortes de membres : les membres *honoraires* et les membres *participants*. Les premiers payent une cotisation annuelle, mais renoncent aux secours que la société donne à ses membres *participants*. Ceux-ci versent également une cotisation; en cas d'accident, de maladie, ou même quelquefois de chômage, ils reçoivent un secours prélevé sur la caisse de la société, et dont le montant est déterminé à l'avance par les statuts de l'association.

Ces sociétés peuvent être approuvées par le gouvernement, qui leur confère, en même temps que l'autorisation, certains pouvoirs, entre autres celui d'être aptes à recevoir des legs et donations.

Un décret du 26 décembre 1852 voulant écarter les dangers qu'auraient pu faire naître les sociétés de secours mutuels, a soumis leur approbation à des conditions déterminées.

de la misère. Qu'on jette un coup d'œil sur le monde, et l'on verra que la fécondité de l'Église n'est point tarie.

Résumé.

1° Les causes sociales de la misère sont *l'excès des charges* et *l'insuffisance des ressources* ;
2° Les charges sont les dépenses pour le logement, la nourriture, le vêtement, les contributions, etc.;
3° L'insuffisance des ressources peut venir de l'abaissement des salaires, de la fermeture des ateliers, de quelque maladie qui empêche de travailler;
4° On peut accroître ses ressources en évitant tout ce qui cause un amoindrissement du salaire, et diminuer les dépenses en se privant de certaines satisfactions plus nuisibles qu'utiles;
5° On ne parviendra pas à supprimer la misère; mais on doit soulager ceux qui souffrent. Jésus-Christ a été compatissant pour les malheureux, l'Église a créé des œuvres pour les soulager, et les gouvernements, s'inspirant des sentiments chrétiens, favorisent les dévouements qui ont pour objet d'adoucir le sort de la classe ouvrière.

VIII. — CIRCULATION ET DISTRIBUTION DES RICHESSES

Inégale répartition des richesses. — Les richesses sont inégalement réparties. Rien de plus facile à expliquer. Imaginons qu'aujourd'hui on fasse le partage de tous les biens d'une nation entre tous les individus qui la composent. Dès demain les parts ne seront plus égales. Les plus intelligents, les plus instruits, les plus adroits, les plus vigoureux, les plus économes, les plus moraux, auront déjà acquis légitimement une part des biens des ignorants, des malavisés, des faibles, des prodigues, des intempérants. L'inégalité aura reparu. Faudra-t-il repartager ?

Supposons qu'au lieu de partager on mette tout en commun. Tout appartient à tout le monde. La société n'est plus qu'une famille. Alors il fera bon être paresseux, se bien traiter, vivre à son aise; on chargera le voisin de faire les travaux pénibles et fatigants et de s'imposer des privations. Mais le voisin s'accommodera-t-il de ce genre de vie? C'est peu probable. Dès lors que deviendraient la justice et la paix dans la société ?

Ces deux suppositions, conduisant à l'injustice ou à de perpétuelles compétitions, doivent être écartées, et il faudra laisser les choses comme elles sont.

L'échange facilite le déplacement de la richesse. — Les richesses ne sont pas immobiles entre les mains de ceux qui les possèdent. Elles sont sans cesse déplacées par les divers contrats, qui tous se ressemblent en un point : on donne une chose en échange d'une autre.

Un individu ne peut songer à travailler uniquement pour lui seul, ni à produire tout ce dont il a besoin; il vend une partie de ce qu'il produit, et, avec l'argent qu'il en retire, il achète ce qui lui est nécessaire. Il en est de même entre les nations; elles échangent leurs produits, de sorte que chacune est redevable aux autres sous quelque rapport. Quelle est la nation qui peut se passer de recourir à l'étranger?

Le Français essayera-t-il de produire lui-même ses oranges dans des serres, au lieu de les demander au Portugal ou à l'Algérie? L'Angleterre prétendra-t-elle jamais fabriquer du vin national? La Suède voudra-t-elle produire elle-même le coton ou la Hollande le blé? Non, tous ces pays s'adressent aux contrées les mieux placées pour ces produits, et leur offrent en échange leurs vins, leur houille, leur fer, leur lin. Chaque individu n'agit pas autrement. A chacun son métier; pour tous, l'échange. Ce n'est pas seulement un calcul, c'est une nécessité. Nul ne peut se suffire qu'à la condition de se passer à peu près de tout. Comment réunir les divers talents, les exercer tous à la fois, trouver les capitaux nécessaires à ces mille variétés du travail? Chacun se limite donc à une occupation, y concentre tous ses soins, toutes ses ressources intellectuelles, morales et matérielles, obtient ainsi, par son application et par son habileté, une production bien supérieure à ses besoins, et trouve dans cet excédent de quoi se procurer l'excédent analogue des autres producteurs [1].

On le voit, ce qui rend l'échange très utile pour l'amélioration des produits et leur bas prix, c'est la division du travail, c'est-à-dire l'organisation de la société de telle façon que chacun s'occupe d'un métier, au lieu de fabriquer lui-même tous les objets dont il a besoin, de même que chaque nation s'attache à faire valoir les industries qui peuvent le mieux prospérer chez elle.

Résumé.

1° Les richesses ne peuvent être également réparties entre tous les citoyens;

2° Supposé que l'égalité s'établît sous ce rapport, elle ne subsisterait pas un jour;

3° Les richesses ne demeurent pas immobiles entre les mains de ceux qui les possèdent; elles circulent par l'échange des produits;

4° Chacun a besoin de tout le monde. — Un individu ne peut produire

---

[1] *Manuel encyclopédique du commerce.*

tout ce dont il a besoin ; mais il fabrique certains produits qu'il ne peut consommer ; il les vend et achète à d'autres ce qui lui est nécessaire. — Ainsi se font les échanges ;

5° L'échange permet de se procurer les objets à bien meilleur compte que si chacun devait mettre lui-même en œuvre la matière première pour les fabriquer.

IX. — CIRCULATION ET DISTRIBUTION DES RICHESSES (suite).

Libre échange et protection. — Le commerce ou l'échange entre une nation et une autre est réglementé par les tarifs des douanes et les traités de commerce. Quand on renonce aux douanes, on établit le *libre échange;* quand on maintient les tarifs des douanes, on *protège* l'industrie nationale. Je suppose que les usines métallurgiques de France ne puissent produire la fonte qu'au prix de 95 francs la tonne, tandis que l'Angleterre pourrait la livrer à la France au prix de 77 francs, tout en payant les frais de transport. Dans ce cas, si les fers anglais entrent en France sans payer de droits, les établissements métallurgiques français ne pourront plus vendre leur fonte, et devront se fermer. Si l'on impose un droit de 18 francs par tonne sur les fontes anglaises, l'industrie française pourra se soutenir.

Mais, dira-t-on, si l'industrie française ne peut se soutenir qu'avec la protection de la douane, laissons-la périr, et nous payerons le fer moins cher en le faisant venir d'Angleterre. Tel est le raisonnement des partisans du libre échange.

Les protectionnistes répondent : Oui, mais si l'industrie du fer périt chez nous, combien d'ouvriers qu'elle emploie, et qui devront chercher ailleurs du travail ! Combien de sommes d'argent elle fait arriver dans la région, et qui devront prendre le chemin de l'Angleterre !

On raisonnerait de même au sujet de toute autre industrie.

Depuis quelques années, en France, cette dernière raison a été appuyée par les chiffres de notre commerce général. Les importations s'élevant à cinq milliards six millions neuf cent quatre-vingt-treize mille francs, et les exportations ne valant que trois milliards cent cinquante neuf millions trois cent soixante mille francs[1], il en résulte que chaque

---

[1] Ces chiffres sont empruntés à l'*Annuaire du bureau des longitudes;*

année la France voit sortir de ses mains, pour passer dans celles de l'étranger, environ un milliard et demi. C'est ce qui a déterminé à modifier les traités de commerce, afin de protéger quelques industries en souffrance qui pourront se relever. Mais c'est là une situation exceptionnelle; les idées sont généralement favorables au libre échange, et la protection n'est admise qu'accidentellement. Et, en effet, si elle était pratiquée régulièrement et sur tous les produits, il en résulterait des conséquences bizarres et fâcheuses.

Conséquences de la protection portée à l'excès. — Nous allons essayer de nous faire comprendre :

Pour protéger l'agriculture, on défend l'entrée du blé étranger, de la laine étrangère, de la viande étrangère. Admettons que cette interdiction assure au producteur agricole un bon prix : voilà, en effet, un protégé. Mais les autres industriels le sont-ils, puisqu'ils payent plus cher le blé, la laine et la viande? Ils réclament à leur tour protection : on prohibe le fer étranger, l'acier étranger. Mais alors l'agriculture paye plus cher ses machines, et perd par là le bénéfice antérieur de la protection, et ainsi de suite, si bien que toutes les industries sont protégées aux dépens les unes des autres [1].

Si c'est protéger le travail national que d'accabler la nation de travail pour procurer, tout compte fait, aux travailleurs de tous rangs moins d'aliments, moins de vêtements, moins de mobilier, moins de toutes choses, les adversaires de la liberté du commerce ont raison. Mais si la vraie protection du travail national consiste à faire en sorte que, pour la même quantité de travail, les travailleurs aient une plus forte ration de pain, de viande et de vin, de café et de sucre, des habits plus moelleux et plus élégants, des logements mieux éclairés, mieux chauffés, plus dignes d'être l'asile d'une famille heureuse, et, en un mot, tous les éléments de ce bien-être qui est plus qu'une jouissance, qui est nécessaire à la santé de l'homme, plus qu'à sa santé, à sa dignité; oh! alors, bien certainement, c'est la liberté du commerce qui l'emporte [2].

On le voit, si les protectionnistes peuvent invoquer de très fortes raisons, les libres échangistes ne sont pas sans réplique. Ce n'est pas nous qui ferons l'accord entre eux;

---

ils se rapportent à l'année 1878. Depuis, la situation s'est encore aggravée. L'Angleterre, au contraire, est dans une situation très prospère. En 1881, ses importations se sont élevées à 5 835 000 000, et ses exportations à 10 000 000 000.

[1] *Manuel encyclopédique du commerce*
[2] Michel Chevalier.

mais ce que nous venons de dire suffit pour faire comprendre tout l'intérêt qui s'attache, pour les peuples, à la conclusion des traités qui règlent les conditions du commerce international.

Résumé.

1º Le *libre échange*, c'est la facilité de vendre les produits d'une nation à une autre sans payer de droits *de douanes*;

2º La *protection*, c'est le système qui, en imposant des droits de douanes aux produits étrangers, maintient le prix et favorise la vente des produits nationaux, qui sont ainsi *protégés*;

3º Le *libre échange* est favorable à ceux qui achètent les produits étrangers, c'est-à-dire au *consommateur*;

4º La *protection* est favorable aux industriels, agriculteurs, etc., nationaux, c'est-à-dire *aux producteurs*;

5º Le producteur, ce n'est pas seulement le propriétaire d'une industrie ou d'une ferme, c'est aussi l'ouvrier qu'il emploie. Ainsi la protection, qui est contraire aux intérêts de l'ouvrier considéré comme *consommateur*, lui est favorable si on le considère comme *producteur*;

6º Si l'industrie et l'agriculture nationales ne vendaient pas assez cher leurs produits, elles disparaîtraient; alors adieu les salaires des ouvriers.

X. — LA MONNAIE.

Nécessité de la monnaie. — A l'origine des sociétés, — et aujourd'hui encore parmi certaines tribus sauvages, — le commerce se faisait par le moyen de l'échange d'objets en nature; mais on conçoit que la gêne résultant d'un tel procédé a dû amener promptement la création d'un objet d'une valeur fixe, servant à faire les échanges plus commodément.

Un exemple fera mieux comprendre notre pensée : Un homme possède pour toute fortune une pièce de bétail qu'il a engraissée. Il lui faut se procurer certains outils, renouveler en partie son habillement, remplir de nouveau la burette d'huile, etc. S'il en était réduit à un échange en nature, il lui faudrait offrir à l'un la hure, à l'autre le jambon, à un troisième la langue ou les oreilles de l'animal qu'il se propose de vendre. Il faudrait donc qu'il le débitât à la façon du charcutier, et encore que ceux auxquels il présenterait des portions de son avoir fussent disposés à les recevoir. N'est-il pas plus simple et plus expéditif de le vendre en bloc pour la totalité de sa valeur, et d'offrir ensuite au marchand d'outils, de vêtements ou d'huile, la valeur de l'objet acheté à chacun d'eux?

Avec quoi doit se fabriquer la monnaie. — L'utilité

de la monnaie [1] pour faciliter les transactions commerciales n'est pas à démontrer; mais il n'est pas hors de propos de faire connaître les conditions que doit remplir la matière choisie pour la fabrication de la monnaie.

1° *Elle doit avoir une grande valeur sous un petit volume:* autrement il serait trop difficile de transporter des sommes importantes. Comment porter une somme de 1 000 francs si la monnaie était de fer, comme l'avait exigé Lycurgue[2]? La somme de 1 000 francs pèserait environ 11 111 kilogrammes (de quoi charger un wagon), en admettant que le prix de la tonne de fonte fût de 90 francs. Tandis qu'en monnaie d'or, 1 000 francs pèsent 322 grammes 58.

2° *Chacune des parties d'une pièce de monnaie doit avoir la même valeur pour un même poids.* On a du drap de différents prix: le drap ne pourrait servir à fabriquer la monnaie; le diamant même ne peut pas être choisi, parce que tout diamant n'est pas de la même limpidité, ne peut pas être taillé de la même façon.

3° *Elle doit être autant que possible inaltérable.* Sans quoi les pièces, en s'usant, perdraient beaucoup de leur valeur. Payer avec des têtes de bétail serait employer une monnaie qui peut varier de prix considérablement d'un jour à l'autre [3].

---

[1] « Chez les races agricoles et pastorales, comme les Mèdes et les Perses, le bétail fut la première monnaie de compte. En Égypte, l'or et l'argent interviennent dès l'antiquité la plus reculée comme mesures de la valeur des marchandises; mais ils n'étaient pas monnayés, on les façonnait seulement en anneaux d'un poids et d'un titre variables, et qu'il fallait peser à chaque transaction. Quant à la monnaie sous forme de disque, d'un poids constant et marquée d'une empreinte officielle, c'est aux Babyloniens ou aux Phéniciens qu'il faut en attribuer l'invention; mais la monnaie d'argent fut seule employée jusqu'au roi de Perse Darius (522-425 av. J.-C.), qui fit le premier frapper des pièces d'or à son effigie. » (*Manuel encyclopédique du commerce.*)

Homère fait bien voir que la monnaie n'existait pas à l'époque de la guerre de Troie (1194-1184 av. J.-C.). La plus ancienne monnaie des Grecs portait l'empreinte d'un bœuf; à Sparte les monnaies d'or, d'argent et de cuivre étaient proscrites; on n'employait que la monnaie de fer. Les Romains se servirent d'abord de monnaie de cuir; puis ils employèrent la terre cuite, le bois peint, le cuivre, et l'argent, vers l'an de Rome 485, ou 268 avant J.-C. Dans certaines contrées peu civilisées de l'Inde, on se sert encore de coquillages.

[2] *Lycurgue*, roi de Sparte, célèbre législateur (884 avant J.-C.).

[3] Au Nouveau-Mexique (États-Unis) on effectue encore des payements avec du bétail. On convient que, pour tel objet, on donnera tant de *moutons*. Le mouton alors est l'unité monétaire.

4° *La valeur de la matière ne doit pas changer brusquement.* Les objets qui sont d'une consommation habituelle ont une valeur qui varie fréquemment; l'or, l'argent, les métaux précieux, ne se rencontrant pas en grande abondance dans la nature, conservent à peu près la même valeur, ou du moins ne sont pas exposés à des variations brusques.

Monnaie française. — En France, nous avons trois sortes de monnaies : la monnaie d'or, la monnaie d'argent, la monnaie de billon. (Voir *Arith.* F. I. C.)

La monnaie d'or a cours forcé, parce que le métal vaut la somme indiquée sur chaque pièce. Dans la pièce de 20 francs, il y a pour 20 francs de métal.

La monnaie d'argent a également cours forcé quand on paye en pièces de 5 francs; mais les pièces de 2 fr., 1 fr. et 50 c. ne renfermant pas une quantité de métal fin dont la valeur égale la somme qu'elles représentent, n'ont cours forcé que jusqu'à concurrence de 50 francs (depuis 1864). Au delà de cette somme, on peut les refuser, et exiger de l'or ou des pièces de 5 francs.

Quant à la monnaie de billon, elle n'a cours forcé que jusqu'à concurrence de 5 francs, et même les caisses publiques ne reçoivent pas au delà de 50 centimes de cette monnaie.

La France a frappé, depuis un siècle, pour 8 milliards 691 millions de francs de monnaie d'or, et pour 5 milliards 551 millions d'argent.

Billet de banque. — Outre la monnaie métallique, il y a ce que l'on appelle la monnaie fiduciaire [1], tel que le billet de banque. Le billet de banque n'est qu'un morceau de papier sans valeur par lui-même; mais on l'accepte pour la somme qu'il porte, parce que l'on a confiance dans la société qui l'a mis en circulation, et qui possède des propriétés pour en garantir le payement. Aussi a-t-on toujours le droit de se faire rembourser en monnaie sonnante la valeur d'un billet de banque. Le billet de banque n'a pas ordinairement cours forcé, c'est-à-dire qu'on n'est pas obligé de le recevoir en payement, sauf à certaines époques où la monnaie métallique fait défaut.

La Banque de France [2] peut émettre des billets pour 3 milliards 200 millions de francs (loi du 15 juillet 1872);

---

[1] *Fiduciaire*, basée sur la confiance.
[2] Fondée par Bonaparte (1800-1803).

son encaisse métallique, pour la garantie[1] du payement de ces billets, doit être ordinairement le quart de cette somme, soit 800 millions de francs.

Résumé.

1° A l'origine des sociétés, la monnaie n'existait pas. On échangeait les produits;

2° Les échanges de produits causent une grande gêne dans les opérations commerciales;

3° La monnaie fait disparaître cette gêne et facilite les transactions;

4° La matière dont se compose la monnaie doit remplir certaines conditions :

(*a*) Elle doit avoir une grande valeur sous un petit volume;

(*b*) Chacune des parties d'une pièce de monnaie doit avoir la même valeur pour un même poids;

(*c*) La matière doit être autant que possible inaltérable;

(*d*) La valeur de la matière ne doit pas subir de brusques changements.

XI. — LE CRÉDIT; L'INTÉRÊT

Le crédit. — Quand on veut se procurer un objet, on n'a pas toujours en main l'argent nécessaire pour le payer; mais si l'on possède des biens, ou si l'on travaille de telle façon que le marchand ait l'espoir fondé d'être payé, il livre l'objet à *crédit*. Ce mot, qui veut dire *croyance*, suppose que celui qui accorde un *crédit* croit que son acheteur sera en mesure de le payer.

Le crédit s'étend bien au delà de cette simple opération que nous venons de supposer. Voici un ouvrier habile qui veut créer une industrie, devenir patron lui-même. Il lui faut des fonds pour se procurer des locaux, des matières premières, et pour payer, en attendant qu'il puisse vendre les produits, le salaire des ouvriers qu'il emploiera. Il s'adresse à un banquier. S'il est connu pour son habileté et sa probité, et que l'on ait lieu de penser qu'il remboursera les avances qu'il demande, on lui accorde du crédit et on lui prête une somme dont l'importance est proportionnée à la confiance qu'il inspire.

---

[1] Cette garantie est indispensable; car le papier n'a par lui-même aucune valeur. On sait ce que sont devenus les assignats, dont la valeur était d'abord garantie par les *propriétés nationales*; on en avait fabriqué pour 45 milliards (du 1er avril 1790 au 19 février 1796). Il était impossible de les échanger contre de la monnaie; aussi à la fin ils ne valaient que $1/300$ de leur valeur nominale, et même il fut tout à fait impossible de les utiliser.

Les compagnies qui exploitent les mines, construisent des chemins de fer et des canaux, établissent les grandes industries, n'ont pas les capitaux nécessaires; elles s'adressent au public, qui leur prête si elles savent établir leur crédit, c'est-à-dire si elles parviennent à inspirer de la confiance.

Les États ont eux-mêmes recours au crédit lorsqu'ils font des emprunts. L'empressement avec lequel on souscrit ces emprunts indique la mesure de confiance que le public met dans la solvabilité de la nation. Lorsque, après nos désastres de 1870, le gouvernement emprunta successivement deux, puis trois milliards, et que ce dernier emprunt eut été couvert quarante fois dans la première journée de la souscription, tous les peuples furent dans l'étonnement et l'admiration en voyant combien était grand le crédit de la France.

C'est le crédit qui permet de faire toutes les grandes entreprises. Sans son concours on n'aurait pu établir les chemins de fer et les grandes compagnies de navigation, percer l'isthme de Suez, etc.

Les instruments et les institutions de crédit sont nombreux. C'est sur le crédit que sont fondés les billets à ordre, les lettres de change, les chèques, les billets de banque, etc. (Voir *Tenue des livres*, et *Eléments de comptabilité* par F. I. C.)

Parmi les institutions de crédit, nous citerons les banques, le crédit foncier, le crédit mobilier, les caisses d'épargne [1], les monts-de-piété [2], toutes les compagnies qui, lors de

---

[1] Les *caisses d'épargne* sont des institutions destinées à recevoir les petites épargnes, à les tenir à la disposition des intéressés, tout en leur servant un intérêt. Elles reçoivent les sommes très petites; les livrets sont de 1 franc à 2000 francs; elles donnent un intérêt de 3 fr. 75 l'an, servi par moitié chaque six mois. La première caisse d'épargne a été créée à Rome en 1787; elle a été imitée à Paris en 1818.

Un ouvrier qui économiserait 10 centimes par jour et les placerait à la caisse d'épargne aurait, au bout de 40 ans, un capital de 4 300 francs.

On a, en 1874, créé des caisses d'*épargnes scolaires*. L'instituteur reçoit sou par sou les économies de ses élèves; il les inscrit, et quand les économies d'un élève se montent à 1 franc, il s'adresse à la caisse d'épargne du département, qui lui donne un livret au nom de ce jeune capitaliste, qui commence dès lors à avoir droit à des rentes.

Au 1er janvier 1881, il existait en France 14 372 caisses d'épargne scolaires, et les sommes inscrites s'élevaient à 6 403 773 francs, appartenant à 802 841 jeunes rentiers. (Voir *Manuel des caisses d'épargne scolaires*, par M. A. de Malarce.)

[2] *Mont-de-piété*, établissement où l'on prête de l'argent en acceptant comme garantie de payement des objets mobiliers : montres, bijoux, linge, outils, etc.

leur fondation, s'adressent au public pour lui emprunter de l'argent, ou dont les opérations sont des prêts ou des avances.

L'intérêt. — Quand une personne a besoin, pour vivre, d'emprunter une somme d'argent ou des denrées, on lui en fait l'avance sans exiger en retour autre chose que ce que l'on a prêté; mais si quelqu'un veut s'engager dans une entreprise pour laquelle il fait appel au crédit, ceux qui lui prêtent exigent qu'il leur assure, sous le nom d'intérêt, une certaine portion des bénéfices qu'il espère réaliser.

Voici un commerçant qui veut agrandir ses magasins; il me demande de lui prêter de l'argent; j'y consens, à la condition qu'il me donne annuellement un intérêt déterminé. La légitimité de l'intérêt s'établit sur cette double considération :

1° Si je ne prêtais pas cet argent, je pourrais moi-même l'employer dans le commerce ou l'industrie. En le prêtant, je me prive des bénéfices que je pourrais ainsi réaliser. Ces bénéfices, je les demande à celui dont je favorise les affaires.

2° La personne à laquelle je prête peut faire des pertes et être mise dans l'impossibilité de me payer; je cours donc des risques. Il paraît hors de doute que j'aie le droit de demander un intérêt pour compenser en partie les pertes possibles auxquelles je m'expose.

Cet intérêt régulier et fixe est limité par la loi, afin que l'on n'abuse pas, en exigeant un intérêt usuraire, de la situation embarrassante où se trouvent quelquefois certaines personnes pour solder des dettes auxquelles elles ne peuvent momentanément faire face; mais dans les compagnies par actions, comme celles qui ont construit les chemins de fer, et qui partagent les bénéfices entre les actionnaires, l'intérêt peut, sans être illégitime, dépasser de beaucoup l'intérêt légal.

Résumé.

1° Le crédit est un délai de payement accordé à quelqu'un qui doit et en qui l'on a confiance;

2° Une personne, une nation, une société, a du crédit quand on est disposé à lui faire des avances de fonds ou à lui accorder des délais de payement;

3° Les grandes entreprises seraient impossibles sans le crédit, car aucun individu ne pourrait rassembler personnellement les sommes nécessaires pour les mener à bonne fin;

4° Parmi les institutions de crédit, on peut citer : les *banques*, le *crédit foncier*, le *crédit mobilier*, les *caisses d'épargne*, les *monts-de-piété*;

5° L'intérêt est une somme versée, en dehors du capital, par l'emprunteur à celui qui lui a prêté son argent;

6° L'intérêt se justifie par ces deux considérations :

(a) Le prêteur aurait pu employer son argent dans le commerce ou l'industrie, et le rendre ainsi productif;

(b) En le remettant à autrui, il court risque de le perdre.

XII. — LE SALAIRE

Notion du salaire et droits des salariés. — Le salaire est la juste rémunération du travail; c'est le prix convenu entre le patron et l'ouvrier, en échange du travail fait ou à faire par le second en faveur du premier.

D'une part nous avons un entrepreneur, de l'autre un ouvrier. Le premier est-il tenu d'embaucher le second dans son usine ? — Non. — Le second est-il contraint de s'y embaucher ? — Pas davantage. Donc tous deux sont parfaitement libres de consentir ou de refuser. L'ouvrier a-t-il le droit de disposer de son travail ? — Il n'y a point de chose qui soit autant la propriété d'un homme que son propre ouvrage; donc il est absolument le maître d'en disposer [1].

Voilà ce que l'on entend par la liberté du travail.

Le taux du salaire n'est pas arbitraire; il doit être réglé suivant la quantité et la perfection du travail fait. Celui qui fait un travail double d'un autre dans le même temps, mérite, tout étant d'ailleurs égal, une double récompense; celui dont l'ouvrage est le plus parfait procure un profit plus grand au patron, il a naturellement droit à un salaire plus élevé.

Mais il y a encore bien d'autres considérations à faire pour comprendre toutes les conditions du salaire.

Plus est grand le nombre des ouvriers qui s'offrent pour faire un travail, moins le salaire est élevé. Plus on entreprend de travaux, plus sont élevés les prix qu'offrent les patrons pour engager les ouvriers. C'est ce que l'on appelle la loi de l'*offre* et de la *demande*. Ainsi l'intérêt de l'ouvrier c'est que l'on fasse beaucoup d'entreprises, autrement dit, c'est qu'il y ait dans le pays beaucoup de gens riches, car il n'y a que ceux qui ont des ressources qui puissent dépenser. Donc, loin d'être jaloux des riches et de leur souhaiter du mal, il faut se réjouir quand leur nombre aug-

---

[1] Discours de M. Harmel au congrès des directeurs des associations ouvrières, oct. 1881.

mente. Dans un pays où l'on rencontre peu de riches, le travail ne va pas, beaucoup d'ouvriers sont inoccupés, et ceux qui trouvent de l'ouvrage sont mal rétribués.

Les ouvriers n'auraient pas intérêt d'être les associés du patron. — Il y a des ouvriers qui pensent que les patrons gagnent trop, et ils prétendent que l'on devrait partager les bénéfices d'une entreprise entre tous ceux qui y participent. Si on les prenait au mot, ils seraient souvent fort malheureux. Avant de partager les bénéfices, il faudrait d'abord payer les intérêts des sommes engagées dans l'entreprise pour l'achat des immeubles, les constructions, etc.; ensuite il faudrait faire un traitement aux directeurs, employés, etc., à raison non de la peine qu'ils ont, mais des services qu'ils rendent.

Le nombre des hommes assez intelligents pour bien conduire une affaire n'est pas si grand que l'on croit; et la preuve, c'est qu'il y a près de cinquante pour cent des industriels qui se ruinent; et puis les ingénieurs, les surveillants, ont des connaissances, des aptitudes et des qualités qu'on ne trouve pas dans la plupart des ouvriers. On devra donc encore les payer, comme en effet on les paye, plus cher que les ouvriers. Il conviendra, en outre, de réserver chaque année une certaine somme pour l'entretien et le renouvellement des bâtiments et des machines de l'usine. Dès lors il ne reste plus guère à partager que ce qui fait le salaire de l'ouvrier.

Mais voici qui est bien plus grave encore. Souvent, au lieu de gagner, on perd. Si les ouvriers devaient partager les bénéfices, il faudrait aussi leur faire partager les pertes, ce qui serait tout à fait cruel.

Au lieu d'élever des prétentions irréalisables, ne vaut-il pas beaucoup mieux comprendre enfin que le moyen d'obtenir un salaire convenable c'est de se perfectionner dans la connaissance du métier que l'on exerce, de ne pas s'exposer à perdre son temps par suite d'indispositions, conséquence des excès et de l'inconduite.

Le travail du dimanche n'augmente pas le salaire. — Quelques ouvriers s'imaginent que le moyen de gagner beaucoup c'est de se livrer au travail sans relâche. C'est là encore une erreur. Le corps a besoin de repos aussi bien que de nourriture. Il est d'expérience que l'ouvrier qui travaille dix heures par jour fait autant de besogne que celui qui travaille douze heures; et celui qui se repose le dimanche fait autant et plus d'ouvrage que celui qui ne veut pas s'arrêter. En se reposant, il conserve ses forces et sa santé, qui sont le capital le plus précieux. En employant un jour de chaque semaine à servir Dieu, à s'occuper davantage des devoirs intimes de la famille, on augmente la force morale, si nécessaire au bonheur de l'individu.

En Angleterre et en Amérique, le repos du dimanche est strictement observé; or, on n'entend pas dire que l'industrie y soit moins prospère qu'ailleurs, ni que l'ouvrier y soit moins bien rétribué.

Résumé.

1° Le salaire est la rétribution du travail;
2° Le salaire est librement convenu entre le patron et l'ouvrier;
3° Le salaire doit être proportionné au bénéfice que l'ouvrier procure au patron. L'ouvrier plus habile a donc droit à un salaire plus élevé que celui qui l'est moins;
4° Plus il y a de personnes riches dans un pays, plus on fait travailler; plus on fait travailler, plus les salaires sont élevés; l'ouvrier, loin de s'irriter contre les riches, doit donc souhaiter qu'ils soient nombreux;
5° L'ouvrier ne peut sagement prétendre à partager avec le patron les bénéfices, car il devrait aussi participer aux pertes, ce qui le mettrait souvent dans une situation plus qu'embarrassante;
6° Les moyens d'augmenter les salaires sont :
(a) De faire en sorte de ne pas chômer par suite d'excès ou d'inconduite;
(b) De se perfectionner dans la connaissance de son état;
(c) D'accorder à son corps le repos nécessaire, et surtout celui du dimanche, afin de conserver sa santé et ses forces le plus longtemps possible;
(d) D'augmenter, par la pratique des devoirs religieux, la force morale, si nécessaire à la conservation des forces physiques.

XIII. — LA CONSOMMATION

La consommation doit-être en rapport avec la production. — Par le travail, on parvient à *produire*, mais on ne produit pas au hasard. Le laboureur cultive les plantes utiles, et l'industriel fabrique les objets qu'il espère vendre; tout ouvrier se demande à quel besoin il doit pourvoir, car si personne ne devait se trouver dans la nécessité vraie ou supposée de se procurer les produits de son industrie, il n'en retirerait rien. Ainsi, tout ce qui est fabriqué est destiné à être livré à quelque individu qui en fera usage. Cet usage, c'est la *consommation*.

Pour que l'industrie soit prospère, il faut qu'elle produise de quoi fournir aux besoins de la consommation, et non au delà. Quand une industrie se développe tout à coup d'une façon extraordinaire, il lui arrive de jeter dans le commerce beaucoup plus d'objets que la consommation ne peut en absorber ; dès lors cette industrie souffrira jusqu'à ce que la production et la consommation s'équilibrent. Si les ouvriers en masse se décidaient à se faire cordonniers, on aurait trop de chaussures, mais on manquerait d'étoffes, de charrues, de maisons, etc. Aussi doit-on bénir la Providence, qui a donné aux hommes des aptitudes et des goûts divers, si bien que l'on en trouve pour faire toutes les besognes et fournir à tous les besoins.

La consommation peut être *utile, productive, improductive* et *nuisible*.

Consommation utile et productive. — Un père de famille achète les choses nécessaires à l'entretien et à la nourriture de tous les siens : il fait une dépense ou une consommation utile; il achète un outil, une machine, un champ, un cheval de travail : il fait une dépense productive, parce qu'il en retirera un avantage.

Il envoie ses enfants à l'école, leur achète des livres, etc. : il fait une dépense ou une consommation productive, car il développe l'intelligence de ses enfants, ainsi que leurs facultés morales, et les met en mesure de mieux réussir dans leurs entreprises.

Il contribue aux frais du culte, à tout ce qui améliore les membres de la famille au point de vue religieux et moral : c'est encore une consommation utile, non seulement au point de vue des intérêts supérieurs de l'âme, auxquels il doit surtout veiller, mais encore au point de vue de l'économie et de l'épargne.

Il en est de même, proportion gardée, des impositions, de quelque nature quelles soient. Les dépenses auxquelles on pourvoit de cette sorte sont utiles à tous, bien que chacun ne voie pas toujours l'avantage personnel qu'il en retire.

Réprimer ses appétits, gouverner ses passions, sacrifier le présent à l'avenir, se soumettre à une privation actuelle en vue d'un avantage supérieur mais éloigné, ce sont les conditions essentielles pour former les capitaux. Il suffit de jeter un regard autour de soi pour rester convaincu que toutes nos forces, toutes nos facultés, toutes nos vertus, concourent à l'avancement de l'homme et de la société [1].

---

[1] Bastiat, *Harmonies économiques.* — Frédéric *Bastiat* (1801-1850) était originaire de Bayonne. Il commença à publier le fruit de ses études économiques en 1844. Il était *libre échangiste.*

Consommation nuisible. — Par la même raison, il n'est aucun de nos vices qui ne soit une cause directe ou indirecte de misère. La paresse paralyse le nerf même de la production, l'effort; l'ignorance et l'erreur lui donnent une fausse direction; l'imprévoyance nous prépare des déceptions; l'abandon aux appétits du moment empêche l'accumulation ou la formation du capital; la vanité nous conduit à consacrer nos efforts à des satisfactions factices aux dépens de satisfactions réelles; la violence, la ruse, provoquant des représailles, nous forcent à nous environner de précautions onéreuses, et entraînent ainsi une grande déperdition de forces [1].

Résumé.

1° Les produits fabriqués sont destinés à la *consommation*, c'est-à-dire aux besoins des populations;

2° L'industrie est prospère quand la production égale, sans la dépasser, la consommation;

3° La consommation utile est celle qui répond à un besoin réel : les dépenses faites pour la nourriture, le logement, le vêtement; les frais d'éducation, de culte, les impôts, etc.;

4° La consommation est nuisible, au contraire, quand elle a pour effet de satisfaire nos passions.

XIV. — La consommation (suite)

Dépenses improductives. — On peut ranger parmi les dépenses improductives celles qui sont occasionnées par la grêle, les incendies et autres accidents, qui détruisent sans profit pour personne. Quelques hommes ignorants ou irréfléchis ont coutume de dire alors : « Tant mieux, cela fera marcher le commerce. » Sans doute, il faut remplacer ce qui est détruit, mais ce n'est pas ainsi que marche le commerce. Le commerce marche bien dans une contrée riche; dans une contrée pauvre, il ne va pas du tout. Or, toute destruction est une atteinte portée à la richesse; le commerce ne peut qu'en souffrir.

Prenons pour exemple l'incendie d'une usine. Il faudra la rebâtir; mais, en attendant, que d'ouvriers sans travail ! N'ayant pas de travail, ils ne reçoivent pas de salaire, et sont condamnés à se priver de beaucoup de choses qu'ils achèteraient s'ils avaient de l'argent. Ainsi les ouvriers du bâtiment vont gagner, mais combien de personnes perdront, sans compter le

---

[1] Bastiat, *Harmonies économiques.*

propriétaire de l'usine, qui, moins riche, achètera moins de meubles, moins de voitures de luxe, et restreindra toutes ses dépenses ordinaires, sur lesquelles les commerçants et les ouvriers font des bénéfices. On n'a donc jamais aucune raison de se réjouir d'une destruction, quelle qu'en soit la cause.

Si la guerre est un grand fléau, c'est sans doute parce qu'elle occasionne la mort d'un grand nombre d'hommes; mais c'est aussi parce qu'elle a pour effet de détruire une grande quantité de propriétés qui constituent la richesse des États ou des particuliers.

Dépenses que rien ne justifie. — Il y a des dépenses encore plus déplorables que celles qui sont occasionnées par ces destructions; ce sont celles qui sont imposées par le vice, comme la passion du jeu, de la boisson, et la débauche.

Prenons pour exemple la boisson. Pour ne parler que de l'eau-de-vie, on estime qu'en moyenne chaque habitant de Paris en consomme par an seize litres. Les ouvriers consomment, en général, une quantité d'eau-de-vie supérieure à la moyenne. A ce compte, une famille ouvrière composée de huit personnes en consommerait 148 litres par an; en admettant que cette liqueur, prise en détail et par petits verres, ne revienne qu'à 2 fr. le litre, voilà une dépense de 396 fr. dans une année, et sans aucun profit. On aurait pu avoir pour cette somme 450 livres de bonne viande, c'est-à-dire une livre et demie par jour, ou presque la moitié de ce qui serait nécessaire au ménage. Or cette eau-de-vie est principalement employée à procurer l'ivresse, si funeste à la santé et aux bonnes mœurs. De sorte que l'individu qui a contracté cette mauvaise habitude peut se dire, quand il est en face de son verre, qu'il va perdre son argent, sa santé, sa réputation, son intelligence, se changer en bête, et quelquefois en bête féroce, puisque la plupart des querelles, des rixes, des tentatives d'assassinat prennent dans l'ivresse leur origine; il peut ajouter avec certitude qu'il prépare des jours mauvais à lui et à sa famille.

L'usage du tabac produit des effets analogues, quoique moins désastreux pour l'ordinaire.

L'abus du tabac amène la destruction des dents, les maladies de l'estomac et de la poitrine, et prédispose à la folie; il provoque à boire et à s'éloigner de toute occupation sérieuse.

Tels sont, en abrégé, les fruits d'une funeste habitude contractée par un trop grand nombre de personnes. Voyons ce que l'on paye pour porter ainsi atteinte à sa santé et à sa dignité morale.

En France, on consomme annuellement pour plus d'un milliard de francs de tabac, ce qui fait environ 30 fr. par personne, en moyenne, en supposant que tout le monde use du tabac ; mais si l'on fait attention que les femmes et les enfants ne fument pas, et qu'un très grand nombre d'hommes s'abstiennent également de tabac, on arrive à une dépense moyenne de plus de 100 fr. pour chaque fumeur. Ajoutez cela à la dépense d'eau-de-vie, et voyez si les ouvriers ne pourraient pas trouver le moyen d'économiser, de placer quelque argent à la caisse d'épargne, à la *caisse des retraites pour la vieillesse*[1], ou à quelque *assurance sur la vie,* au lieu de le placer chez le cabaretier ou le marchand de tabac, lesquels n'ont à donner autre chose que des assurances d'infirmités, d'immoralité et de mort.

Le luxe peut-il être justifié? — Il faudrait d'abord avoir une bonne définition du *luxe*. Le luxe, peut-on dire, consiste à dépenser d'une façon ruineuse, et sans nécessité. Ce qui est de luxe pour l'ouvrier ne donne lieu qu'à une dépense légitime de la part de l'homme riche. Un père de famille fume, s'achète des vêtements de prix, fait des voyages dispendieux, et ses enfants sont dans le besoin; il fait des dépenses luxueuses et immorales. Un autre a un château, un parc, des équipages, mais il possède une grande fortune. Il fait bien d'en faire arriver une partie aux ouvriers par ses dépenses. Une commune qui a des ressources bâtit une belle église, une maison d'école convenable, des fontaines, etc. Il ne faut pas l'en blâmer. Le luxe relatif est de bon goût.

Il y a des villages qui manquent d'eau et qui consomment en un seul jour de fête ce qu'il faudrait d'argent pour amener de l'eau et pour élever une fontaine sur leur place publique. Leurs habitants aiment mieux s'enivrer en l'honneur de leur patron pendant un jour, et aller péniblement, tous les autres jours de l'année, puiser de l'eau bourbeuse au sommet d'un coteau du voisinage. C'est en partie à la misère, en partie à des consommations mal entendues, qu'il faut attribuer la malpropreté qui environne la plupart des habitations des gens de la campagne. En

---

[1] La caisse des retraites pour la vieillesse a été établie en 1850. On y fait des dépôts dont l'intérêt accumulé est servi sous forme de retraite, mais après l'âge de cinquante ans seulement. Le maximum de cet intérêt est 1000 francs.

général, un pays où l'on dépenserait soit dans les villes, soit dans les campagnes, en jolies maisons, en vêtements propres, en ameublements bien tenus, en instruction, une partie de ce qu'on dépense en jouissances frivoles et dangereuses; un tel pays, dis-je, changerait totalement d'aspect, prendrait un air d'aisance, serait plus civilisé, et semblerait incomparablement plus attrayant à ses propres habitants et aux étrangers [1].

Il suffit d'ajouter deux mots à ce passage pour conclure ce modeste ouvrage. Nos défauts et nos vices ne font pas seulement du ravage dans nos âmes et dans nos corps, ils s'attaquent aussi à notre bourse; et il est vrai de dire qu'un vice coûte plus à nourrir que deux enfants. Donc en travaillant à son perfectionnement moral, — avec l'aide de la religion, sans laquelle les cœurs s'affadissent, — on travaille indirectement, mais efficacement à se procurer du bien-être.

Résumé.

1° Les dépenses improductives sont celles qui ne sont utiles à personne : ce qui est détruit par les accidents, incendies, inondations, etc.;

2° Les dépenses nuisibles sont celles qui ne répondent à aucun besoin, et entraînent un dommage. On peut ranger parmi ces dépenses celle qu'occasionnent l'abus des boissons, l'usage du tabac, etc;

3° Ces dépenses représentent des sommes parfois considérables qui, épargnées, seraient d'un grand secours dans la vieillesse.

---

[1] J.-B. Say, *Traité d'économie politique.* — *Say*, économiste français (1767-1832).

EXERCICES

SUJETS DE RÉDACTION EN RAPPORT AVEC LES LEÇONS DE LECTURE CONTENUES DANS CE LIVRE

I

1° Faites voir en quoi l'école ressemble à la famille et en quoi elle en diffère.
2° Dites les bienfaits que vous avez reçus de vos parents jusqu'à ce jour.
3° Montrez que chacun a besoin des services d'autrui pour la nourriture, le vêtement, le logement, etc., et établissez sur cette donnée la nécessité de la société.

II

1° Ne devez-vous pas plus de reconnaissance à vos parents pour le soin qu'ils prennent de votre éducation que pour leurs autres bienfaits? Dites pourquoi.
2° Les parents ont-ils quelque moyen de punir ceux de leurs enfants qui manquent aux devoirs de la piété filiale? Ne trouvez-vous pas qu'il en doit être ainsi?
3° Est-ce par crainte de l'autorité paternelle que vous devez remplir vos devoirs? N'y a-t-il pas des motifs plus nobles?

III

1° Comparez l'organisation de votre commune à celle de la famille.
2° Quelles raisons avez-vous de respecter monsieur le maire de la commune?
3° Comprenez-vous pourquoi les délibérations du conseil municipal, quand il s'agit de dépenses, ont besoin d'être approuvées par l'autorité supérieure? Donnez vos raisons.

IV

1° Le préfet peut-il administrer le département comme il lui plaît? Qui contrôle son administration? Pourquoi ce contrôle?
2° Pourquoi le conseil général intervient-il dans le règlement des dépenses du département?
3° Quelle comparaison pouvez-vous faire entre l'administration du département et celle d'une commune.

V

1° Quelle est votre patrie? Comment le savez-vous? Quelles sont les raisons que vous avez de l'aimer?

2° Quelle différence faites-vous entre la *nation française* et l'*État français?* Devez-vous avoir pour l'État les mêmes sentiments que pour la nation? Pourquoi?

3° Est-il nécessaire que, dans une nation, soit organisé un gouvernement? Quel doit être le caractère de tout gouvernement?

VI

1° Quel avantage y a-t-il à ce que l'impôt soit consenti par le peuple ou ses représentants?

2° Est-ce un bien que tous les citoyens puissent aspirer à tous les emplois, pourvu qu'ils aient les qualités requises pour les exercer?

3° Faites voir comment l'État pourvoit au besoin des malades et des nécessiteux.

VII

1° Montrez que tous les citoyens ne pourraient exercer directement leur part de souveraineté : dans la commune, dans le département, dans l'État.

2° Faites voir comment chacun prend part aux affaires de la commune, du département et de l'État, bien qu'un petit nombre s'en occupent directement.

VIII

1° Pourquoi la loi exige-t-elle que les électeurs aient un certain âge?

2° Pourquoi exige-t-elle que, pour être éligible, on ait plus de vingt et un ans.

3° Est-il important de voter?... de donner sa voix à des personnes sages, éclairées, consciencieuses? Pourquoi?

IX

1° Comprenez-vous pourquoi les pouvoirs *législatif, exécutif, judiciaire*, sont séparés, c'est-à-dire exercés par des personnes différentes? Donnez vos raisons.

2° Quel est le but auquel doivent tendre les trois pouvoirs *législatif, exécutif* et *judiciaire*. Montrez qu'en tendant à ce but ils travaillent au bien de la nation.

X

1° Pourquoi devons-nous surtout respecter la Constitution de notre pays?

2° Peut-on dire, d'une manière absolue, quelle est la meilleure forme de gouvernement? Pourquoi?

XI

En quoi diffèrent les pouvoirs du président de la république de ceux d'un roi ?

XII

1° Pourquoi prend-on tant de précautions lorsqu'il s'agit de voter une loi ?
2° Pourquoi fait-on étudier et voter les lois par deux chambres ?

XIII

1° Qui doit observer les lois ? Quelles raisons avez-vous d'être fidèles aux lois ? Y a-t-il des gens qui violent les lois ?
2° Qu'arrive-t-il à ceux qui ont violé la loi ? Approuvez-vous qu'ils soient punis ? Pourquoi ?

XIV

1° Dites pourquoi il y a un crucifix dans les salles d'audience des tribunaux. Quel effet la vue de ce crucifix peut-il faire sur les accusés, les témoins, les avocats, les juges ?
2° Pourquoi prend-on tant de précautions avant de rendre un jugement ? Pourquoi donne-t-on tant de garanties aux accusés, devant les cours d'assises, par exemple ?

XV

Pourquoi les soldats sont-ils jugés par des officiers ? les commerçants par des commerçants ? les patrons et les ouvriers par des patrons et des ouvriers ?

XVI

La liberté des cultes, telle qu'elle est établie par la loi, s'oppose-t-elle à ce que ceux qui sont dans la vérité cherchent à faire bénéficier leurs concitoyens du même avantage ?

XVII

Résumez en un court tableau tout ce qui est dit de la hiérarchie de l'Église.

XVIII

1° Montrez que les parents sont obligés par la loi morale de faire instruire leurs enfants. Dites quelle instruction ils sont tenus de leur procurer.
2° Comment peuvent faire les élèves des écoles publiques pour n'être pas privés de l'enseignement religieux ?

XIX

Quelle idée vous faites-vous d'une nation qui offre à ses enfants tant de moyens de s'instruire? Quelle conséquence tirez-vous pour vous-mêmes de ces réflexions?

XX

1° Faites voir la nécessité d'une armée dans une grande nation, et dites quels services elle rend.
2° Dites les qualités que doit avoir un bon soldat.
3° Pourquoi décore-t-on un soldat qui s'est distingué sur un champ de bataille?

XXI

Pourquoi un régiment attache-t-il tant d'importance à la conservation de son drapeau? Quand est-ce que le drapeau d'un régiment est décoré? Pourquoi?

XXII

1° Quels services rendent à la France ses représentants à l'étranger?
2° Quel avantage est-ce pour la France d'avoir un si vaste réseau de chemins de fer et de routes?
3° A quoi servent les concours et les expositions agricoles?
4° Y a-t-il avantage pour un pays à ce que ses exportations dépassent ses importations? Justifiez votre réponse.

XXIII

1° Dites pourquoi chaque citoyen doit acquitter l'impôt sans récriminer.
2° Faites voir que l'impôt indirect se justifie aussi bien que l'impôt direct.
3° Essayez de montrer l'utilité de la douane.

XXIV

1° Montrez que ceux qui ont l'habitude de trop boire et de fumer peuvent diminuer leurs impôts sans que le gouvernement ait à s'en plaindre.
2° Faites voir l'utilité des postes et des télégraphes.

DROIT PRATIQUE

I

Quelle est l'utilité des actes de l'état civil ?

II

1° Expliquer pourquoi la loi prend sous sa protection les mineurs. — Indiquez les inconvénients qui résulteraient de la suppression de cette protection.
2° Quelles sont les obligations du mineur envers son tuteur ?

III

1° Indiquez quelques-unes des résultats qu'entraînerait la suppression du droit de propriété, ou la mise en commun de tous les biens.
2° Montrez qu'un père de famille qui dispose envers l'un de ses enfants ou de quelque œuvre, etc., de la *quotité disponible* ne fait pas tort à ses enfants.

IV

1° Qu'arrive-t-il lorsque quelqu'un ne remplit pas les conditions qu'il a acceptées en recevant une donation ?
2° Indiquez les différentes sortes de contrat, et montrez qu'ils obligent alors même qu'ils ne sont pas écrits.

ÉCONOMIE POLITIQUE

I

Montrer que l'homme par son travail se procure le bien-être.

II

1° Montrer, par des exemples, que l'homme a besoin de ses semblables.
2° Avantages que peuvent se procurer les ouvriers honnêtes en s'associant.

III

Faire voir que les machines diminuent les fatigues de l'ouvrier sans amoindrir les salaires.

IV

1° Nécessité d'épargner dès la jeunesse une partie du gain de chaque jour.

2° Faire voir que, par l'épargne, de simples ouvriers s'élèvent au rang de patrons.

V

Indiquer quelques moyens de faire des épargnes et de s'en assurer le fruit.

VI

Résumer les causes de la misère et indiquer les meilleurs moyens d'en atténuer les effets.

VII

De quelques institutions destinées à soulager la misère.

VIII

Montrer que les richesses ne peuvent être également réparties entre les hommes.

IX

Serait-il avantageux à la classe ouvrière que l'on supprimât tout d'un coup les droits de douanes?

X

Dites pourquoi il ne convient pas de se servir de plomb pour fabriquer la monnaie.

XI

Est-il juste de recevoir un intérêt pour les sommes que l'on prête?

XII

Quel serait le sort des ouvriers s'ils participaient aux bénéfices et aux pertes dans une industrie qui fait faillite?

XIII

Entrer dans quelque détail au sujet des consommations productives. — Montrer que l'impôt est une dépense productive.

XIV

Parler de quelques dépenses improductives.

FIN

TABLE DES MATIERES

Préface 1
Lois constitutionnelles 3
Programme officiel 8

ENSEIGNEMENT CIVIQUE

I. — La famille, modèle et fondement de la société. . . 9
II. — Organisation de la famille. 11
III. — La commune 15
IV. — Le département, l'arrondissement, le canton. . . 17
V. — La patrie, la nation, l'État. 19
VI. — Les origines de notre droit public. 22
VII. — La souveraineté nationale 24
VIII. — Le vote. 26
IX. — Les agents de la souveraineté nationale 28
X. — La constitution 29
XI. — Du gouvernement de la France. 31
XII — Confection des lois. 33
XIII. — Respect de la loi 34
XIV. — Organisation de la justice 36
XV. — Tribunaux administratifs, etc. 41
XVI. — Les cultes. 43
XVII. — Organisation du culte catholique. 45
XVIII. — L'instruction publique. 47
XIX. — Organisation de l'instruction en France. . . . 49
XX. — La force publique 51

TABLE DES MATIÈRES

XXI.	— Organisation de l'armée	53
XXII.	— Affaires étrangères, travaux publics, agriculture, commerce	56
XXIII.	— Budget, dette publique, impôt	59
XXIV.	— Finances	62
XXV.	— Devoirs civiques	65

Notions sommaires de droit pratique.

I.	— L'état civil, moyen de le constater	67
II.	— Protection des mineurs	69
III.	— La propriété. — Les successions	71
IV.	— Les contrats	76

Économie politique.

I.	— Préliminaires	79
II.	— Associations ouvrières	82
III.	— Conséquences de l'association	85
IV.	— L'épargne et le capital	86
V.	— Moyens de se créer un capital, une propriété	88
VI.	— La misère	91
VII.	— La misère (suite)	93
VIII.	— Circulation et distribution des richesses	95
IX.	— Circulation et distribution des richesses (suite)	97
X.	— La monnaie	99
XI.	— Le crédit. — L'intérêt	102
XII.	— Le salaire	105
XIII.	— La consommation	107
XIV.	— La consommation (suite)	109
Exercices : Devoirs de rédaction		113

23381. — Tours, impr. Mame.

www.ingramcontent.com/pod-product-compliance
Lightning Source LLC
Chambersburg PA
CBHW060159100426
42744CB00007B/1098